文章コツ100

編集者・ライター　高田 強

はじめに

――文章を書くのが苦手なあなたのために――

文章って、面倒ですよね。ボクも毎回、思ってます（笑）。

そもそも、この「はじめに」の文章を読むこと自体、面倒で仕方がないと思っていませんか？

この本を手に取ったあなたは、「趣味は、読書」とか「日記を書くのが、日課で」とか「将来は、小説家になりたくて」という人じゃなく、できることなら、文章を書かずに暮らしたいと思っているはず。

でも、社会に出ると、思っている以上に文章を書くことになります。すでに働いていて、文章を書くことにウンザリしているかもしれません。

メール、チャット、企画書、ブログ、プレスリリース、社内で共有する資料づくり……。皆さんが営業、人事、広報、総務部の配属だったら、こういう業務を毎日こなしているでしょう。

いや、デスクワークでなくても、なにかにつけ文章を書く作業が発生していませんか？

ビジネスでは、とにかく文章を書くのがあたり前。

心配ですよね？　不安ですよね？　そして、面倒ですよね。

でも、大丈夫です。

ボクは、40年近く出版業界に身を置き、プロからアマまでたくさんの人たちに文章を書いていただき、編集し、世の中に届けるという仕事をしてきました。そりゃ、すばらしい文章だけじゃなく、文法無視、「てにをは」がメチャクチャ、送り仮名間違い、要点不明、結論の不在、そもそもツマンナイ……など、立派な大人が書いたとは思えない文章もたくさんありました。

そんな、どうしようもない文章を書く人でも、ちょっとした書き方のパターンや、伝えるコツさえ身につければ、それなりに伝わる文章になるんです。

ちなみに、ボクだってそうでしたから（笑）。

読書こそ好きだったけれど、文章を書くのは苦手。だから、自分なりに工夫し、先輩の書き方を研究し、いろいろな「伝わるコツ」を学んでいきました。

今回、この本を書くにあたって、むかしの手帳を整理し、今のビジネスシーンには欠かせないSNSという魔物に関する内容も加え、ぜんぶで100個ぐらいのコツを集めてみました。

全ページを読んで、ネットに感想を書き込んでもらうのが理想ですが、自分が気になるところだけをつまみ食いできるように2ページ完結1ネタの構成にしています。

しかも、1ネタを約7秒で読めるんです。約100ネタだから、ぜんぶ読んでも10分ぐらい。

超コスパがいいでしょ？

ということで、「はじめに」を読んでる場合じゃないですよ！

とにかく、本文に進んで、サクッと文章を変えていきましょう。

文章が苦手な編集者・ライター　高田 強

もくじ

第3章 なにを書けばいい? なんて迷わず書くコツ

第4章　炎上禁止！「怒られない」文章のコツ

第5章　深く伝わるメールのコツ

第9章 SNSで共感させる基礎文章のコツ

第10章　裏付け絶対！　リサーチのコツ

本書は、文章の疑問や質問に高田強が回答する、
Q&Aのスタイルで進行します。
クエスチョンを投げかけるのは、
この新人&若手社員のお二人です!

先輩社員
マキ
28歳

後輩社員
サオリ
23歳

レッツ
チャレンジ!!

メラ
メラ

会社のメンター制度で、サオリとペアを組んでいる先輩。しっかり者で仕事もテキパキと進めるタイプ。文章を書く業務もそつ無くこなすが、教えるには、ちょっと不安なときも……。かわいい後輩、サオリのために、文章指導に情熱を燃やしている。

新入社員。幼い頃から読書嫌いの超アクティブタイプ。今までに読んだ本は、中学生のときに教科書で学んだ『サラダ記念日』だけ。人事・広報を兼任しており、まいにち人事資料をにらみながら、文章作成に悪戦苦闘している。

第1章

長い文章は読みにくい！短く書くコツ

長い文章って、どうして読みにくいの？
どうやったら短く書けるの？
その疑問に答えるコツをご紹介！

第1章 ❶ 文章に入れる情報はひとつに

『メールに情報ツメコミ過ぎ！』って注意されました……

そんなときは……

文章を「、」で繋いでみたら？

before

本日の会議は3階のB会議室で実施し、議題はESG経営に関する意見交換を有識者の方々と行う予定です。

after

本日の会議室は3階B会議室、議題はESG経営で、有識者の方々と意見交換を行う予定です。

「、」で文字を削るのがポイント!

ていねいよりも、シンプルが大事!

で実施し
に関する

ていねいに言うより簡潔に。どんどん文章を「、」に置き換えよう。

事例の文章は、「会議室の場所」「議題」「誰が来るか」を伝える文章です。これを「、」でつなぐと、スッキリした読みやすい文章になります。注意するのは、同じような言い回しを使わないこと。例えば「○○○で、○○○で、○○○で、○○○です」みたいな感じ。幼稚な文章になっちゃうので気をつけて書きましょうね。

先輩から『この資料、半分でまとめて』って……。どうすんの？

そんなときは……

「しかし」とか「そして」を取れないかな？

なるほど〜〜
ボリ
ボリ
POTATO CHIPS

before

私は、上手な文章を書きたい。なぜなら、みんなにちゃんと伝えたいから。けれども、いつも文章に接続詞を山のように使ってしまうクセがある。それなのに、実は接続詞の使い方がよくわかっていない。

after

私は、上手な文章を書きたい。みんなにちゃんと伝えたいから。いつも文章に接続詞を山のように使ってしまうクセがあるけど、実は接続詞の使い方がよくわかっていない。

こんな「接続詞」は、いらない!

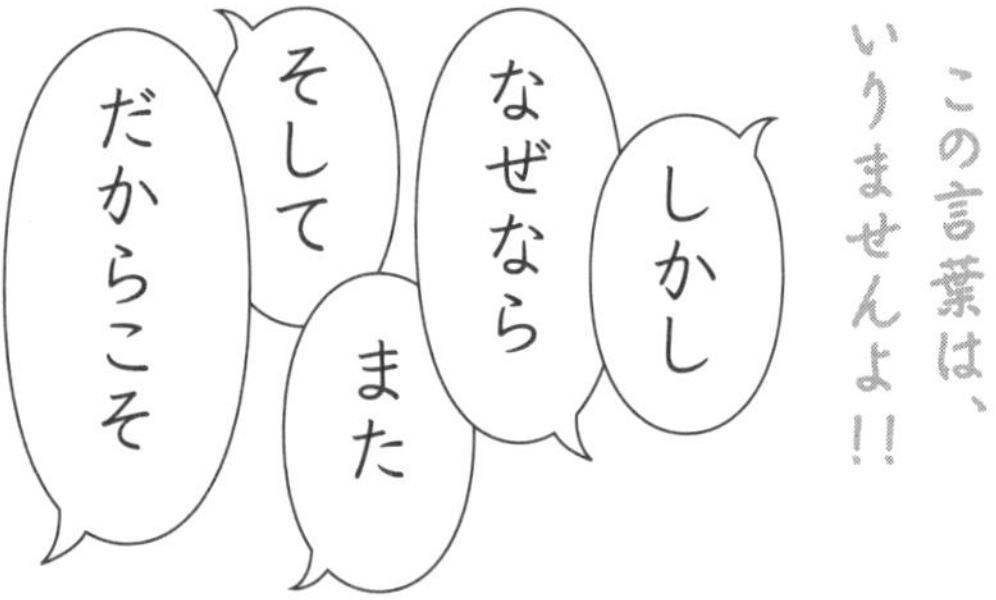
この言葉は、
いりませんよ!!
しかし
なぜなら
そして
また
だからこそ

ビジネス文書でよく使う「接続詞」はこちら。ズバズバ、取りましょう。

文章がヘンだと思ったら、単語の順番を入れ替えたり、文章の最後の言葉を調整すればいい。接続詞なんか全部思い切って取っちゃいましょう。文章がヘンになることはないはずです。ですよね？

ていねいに書いたら『クドい!』って言われちゃいました(泣)

そんなときは……

「カタカナ語」をやめてみたら?

before

船田部長様
お世話になっております。株式会社元気の田中です。先日のキックオフミーティングはありがとうございました。船田部長様のご意見をもとにビルドアップを重ね、より良いコンテクストを踏まえた企画にしていきます。

after

船田様
お世話になっております。株式会社元気の田中です。先日はありがとうございました。船田様のご意見を踏まえ、良い企画にしていきます。

二重敬語にも注意!

✕ お見えになられた
✕ お読みになられた
✕ 頂戴させていただく
✕ 拝見させていただく

「部長様」、「お越しになられる」も二重敬語です。

40文字以上の文章の場合、3分の2を目標に削ってください。60文字なら40文字の文章にします。「これを削ると・・・・・・」と言う迷いを捨てて、削っちゃいましょう！　絶対にシンプルな文章になります。

ていねいに書くと、長くなりますよね？
カタ
カタ

そんなときは……

二重表現だけでも見直してみて！

日常的に使ってしまいがちな二重表現はコチラ!
この表を確認し、文章を見直してみて!

メールの返事を返す	→	メールで返事をする
○○さんに全て一任する	→	○○さんに一任する
契約書に捺印を押す	→	契約書に捺印する
口座にお金を入金する	→	口座に入金する
内定が決まる	→	内定がでる
約3分ほど	→	約3分　or 3分ほど
いちばん最初	→	最初 or いちばん
製造メーカー	→	製造元 or メーカー
～様各位	→	～様
色が変色する	→	変色する
かねてからの懸案	→	懸案
尽力を尽くす	→	尽力する
過半数を超える	→	過半数になる
お体をご自愛ください	→	ご自愛ください

意味が伝わるならいい！　その通りです。でも、文章を短くしたいなら二重表現を見直すのが手っ取り早い！「この文章、まちがってない？」と言われても、このチェック表を片手に「二重表現なんで正しい言葉で書きました」と言えば、叱られるなんてこともないですよ。

一言でまとめるって、ナニ？

そんなときは……

だいたい25文字でまとめる訓練を！

問題

この文章を約25文字ぐらいでまとめよう

先日、当社でリリースした新サービスはご利用になられましたか？ぜひ、使用感や気になった点をお聞かせください。お客様の言葉は、当社の品質向上につながります。（76文字）

例文

新サービスの感想を！お客様の声が品質向上につながります。（28文字）

改行も気をつけよう！

（文字わかれの例）

はじめまして。私は株式会社自由のナカニシと申
します。➡ 文字が途中で切れると読みにくい！

（文字わかれにならない工夫の例）

はじめまして。
私は株式会社自由○○部署の
ナカニシと申します。➡ 文字を足したり引いたりして調整しよう！

文字わかれを意識して書くトレーニングをしよう。

SNSのX（旧Twitter）を書いていると、だんだん140文字でまとめられるようになりましたよね。25文字もさいしょは「むずかしいな」と思うかもしれませんが、だんだんと慣れてくるのでご心配なく。本能的にわかるようになれば、こっちのものです。

取引先の人に『長文で読みにくいし、意味もわからん』って言われました……

そんなときは……

「彼女が、長い長いメールを書いた」よりも、「長い長いメールを彼女が書いた」に！

before

私は、ビル・ゲイツが効率性と生産性を高めるネット技術について書いた本に衝撃を受けた。

after

ビル・ゲイツが効率性と生産性を高めるネット技術について書いた本に、私は衝撃を受けた。

文字の距離を意識する

林くんは（だれが）
外部セミナーで学び
成長した（○○した）

↓

外部セミナーで学び
林くんは（だれが）成長した（○○した）

「だれが〜した」をわかりやすく！

ほかの文節を詳しく説明する文節（修飾語）の位置に意識を持ちましょう。もうひとつ、例文を紹介しておきます。「私は、大きな大きな会社に就職し、うれしかった」よりも、「大きな大きな会社に就職し、私はうれしかった」の方が意味は伝わりやすくなります。

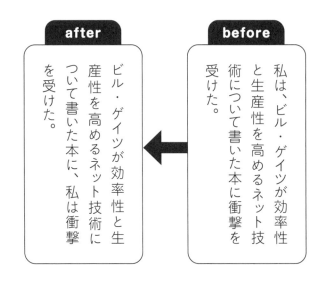

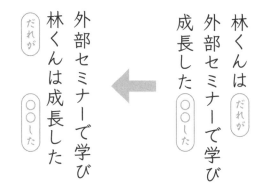

第1章 ❼ 具体的に書こう

さっき先輩から『キミの文章は、ばく然とし過ぎ』と言われ……

そんなときは……

「たとえば？」と自分に問いかけよう。

before

私たちの会社は、風通しのいい職場です。
働きやすさにあふれています。
入社しませんか？

after

後輩の意見も積極的に採用される、風通しのいい職場です。
離職率の低さは、働きやすさの証拠です。
○月○日の入社説明会に来ませんか？

具体的な言葉を入れる

いつ？
きょう
どんな？
メロンを食べた
どんなふうに？
おいしかったです。

視覚や嗅覚、数値など、イメージが膨らむ表現を！

具体的に言おうとするクセをつけるのが大切です。「たくさん〜」と書いたら、「何本？何ヘクタール？東京ドーム何個分？」と問いかける。「魅力がいっぱい」と書いたら、「だれに対して？ナニと比べて？魅力的といえる根拠は？」と問いかけると、どんどん具体的に書けますよ！

第1章 ❽ 話し言葉にかえてみる

なんか、メールがカタくて読みにくい。どうしたらいいの？

そんなときは……

話し言葉みたいな文章にしよう。

before

先ほどは、お時間をいただき、感謝を申し上げます。
非常に勉強になりました。
この有意義な学びを企画に活かしていきます。

after

さきほどは、ありがとうございました。
とても、勉強になりました！
すてきな学びを企画に役立てます。

カジュアルな言葉に置き換える

私ども → 私たち
今後とも → これからも
〜ございません → ありません
多くの → たくさんの
ではないですか？ → ですよね？

親しみや感情的な文章を書くときは、カジュアルさを大切に！

話し言葉のメリットは「直感的に理解できる」「感情の起伏や躍動感のある文章になる」「読みやすく理解しやすいので人の目に止まる」などがあげられます。文章を読む相手と打ち解けた関係だったら、話し言葉の方が効果的に伝えられますよ！

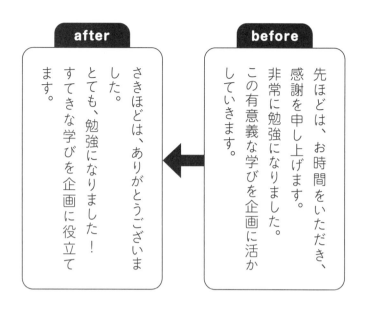

第1章 9 注釈を使いこなそう

正確に書いてるけど…… 長ったらしい……

そんなときは……

詳細は注釈でフォローしよう。

before

企業の存在意義や志を示すパーパスを浸透させるため、理念をより具体的な行動に落とし込んだクレドを強化したい。

→

after

企業パーパス（※1）を浸透させるため、クレド（※2）を強化したい。

※1　企業の存在意義や志を示す言葉
※2　企業理念を具体的な行動に落とし込んだ文言

細かい詳細はぜんぶ注釈で！

- **数字（人数、規模、詳細な年代など）**
- **専門用語の解説**
- **出典（どこの情報か？）**
- **補足情報**
- **よみがな**

注釈でフォローした方がいいジャンル一覧。

文章を理解させる基本的な順番は、「だいたいわかる」⇒「こまかくわかる」です。さいしょから、細かくていねいに書いてしまうと「だいたいわかる」にたどりつくまでに、「読むの面倒だからやめよう」になって離脱する人がほとんど。「こまかく知りたい」人のために、注釈を使いましょう。

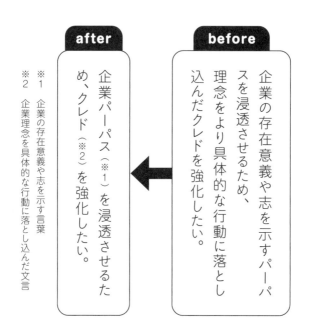

書くの面倒だな……。もっと効率よく書けないかな……

そんなときは……

定型文を覚えてしまおう。

文章の定型文は、この3つの型を覚えればカンペキ！

書き出し

- 〜と、一般的にはいわれています
- 〜をご存じでしょうか
- 〜についてご説明します
- 〜が今、注目されています

理由

- その理由を調べたところ〜
- 実際のところは〜
- なぜ、そうなったのかというと〜
- 具体的な事例としては〜

まとめ

- こうしたことから〜ということがわかります
- 次の時代を先取り〜取り入れてみては？
- みなさんも〜ぜひ、お試しください
- 結論としては〜になるということです

文章はパターンの組み合わせです。定型文さえ覚えてしまえば、こっちもの！　中身を入れ替えるだけで、爆速で文章スピードが向上します。たった12のパターンですから、覚えることをオススメします。

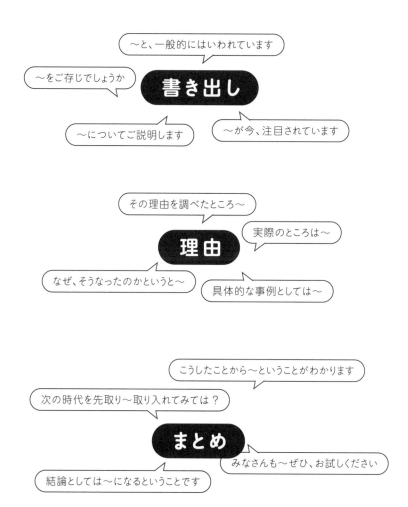

先輩！ けっきょく、短くするにはどうすればいいの？

ようするに……

50文字～60文字を意識してみて。

一般的に、ひとつの文章は
60文字をこえると読みづらさが爆増します。
ここで紹介するコツを確認しながら文字を削ってみて!

＼＼ ざっくり、短く書くまとめ！ ／／

コツ1 強調する言葉は使わない

「とても」「めちゃくちゃ」「すごく」「すばらしく」などなど。

「この表現がなくても伝わるな」と思えば、削ってしまいましょう。

スッキリした文章の方が大事です。

コツ2 具体的に書きすぎてない？

具体的に書くから伝わる。それは、正しい。

だからといって、「だれが」「いつ」「なにを」「どうした」を詳しく書きすぎると、

「で、なにが言いたいの？」になります。シンプルに！

コツ3 おんなじ意味の言葉を整理しよう

「日本初であるところが、いちばんの魅力です」

ポイントは、“日本初”です。

なので、「このサービスは日本初です」で伝わります。

同じ意味をどんどん整理しましょう。

コツ4 体言止めをつかってみよう

①「私は、○○商事に行きました」⇒「私が行ったのは、○○商事」
②「大切なのは、人材を育てることです」
⇒「大切なのは、人材育成」シンプルに文章が短くなります。

「株式会社エスオーシー」
専務取締役の
善野さんに聞きました!

立場を越えても、伝わる文章のコツって?

先輩後輩の上下関係はもちろん、正社員やパート、部署の垣根を飛び越え、伝わる文章には、いったいどんなコツがあるの?

「立場転換力」を意識した書き方を!

仕事を進める時って、いろいろな立場の人と協力するのが基本ですよね。うちの会社では本当にそれが大事なんです。リネン類のリース&クリーニングが事業ですから、営業さんがお仕事をいただいて、工場で商品をキレイに洗ったり畳んだりして、集配部さんがお届けする。この一連の作業をきっちり進めるためには、従業員の皆さんの足並みが揃わないといけないので、その都度メールで連絡をしたり社内報でメッセージを書いたり、いろいろな場所で文章を書いています。その時に、いつも意識しているのが、**「立場転換力」**です。こんな言い方をしたら誰かが傷付かないかな? 疲れている時に読んでも伝わるかな? **しっかりと受け取る人の立場や状況を想像**します。結果的には、誰が読んでもわかりやすい言葉遣いや表現、シンプルな文章がいちばん伝わると思いますね。

善野裕宣さん

1978年生まれ。大阪府岸和田市出身。大学卒業後、外資系コンサルティング会社に入社し、問題解決の技法とITに関する技術を学ぶ。2004年に、病院・老健施設を中心としたリネン類のリース&クリーニング業を展開する、株式会社エスオーシーに入社。現在は、長男で代表取締役の謙一さんと共に、事業のさらなる拡大をめざしている。

第2章

読みやすく、スラスラ書けるコツ

どうも、文章が
引っかかって読みにくい。
何度、書き直しても
リズムが悪い。
声に出したり、
並べ替えたり、
色々なコツをたっぷりと！

第2章 ⑫ 声に出して読んでみる

なんかね『スラスラ読めないよ』って言われたんですが?

そんなときは……

声に出して読んでみてください。

難解な漢字や表現は読みにくい！

人間の存在は、無限の可能性と深遠な複雑性に満ちている。思想はその旅路の羅針盤であり、個々の信念が未来を彩る。共感と洞察を重ね、我々は調和と進化の舞台裏で、真の意味を紡ぎ出す。

やさしい表現こそ、スラスラ読める！

人は、たくさんの可能性とむずかしいことにぶつかる。それを、乗り越えるには、考えることが大切な手がかり。みんなの思いが未来をカラフルにするから。お互いをわかりあい、アイデアを出し合って素敵な未来が広がる。

声に出して気づくことも多いよ！

- 声に出してつまったら書き換える
- 話し言葉にちかい表現を意識する
- 比喩（たとえ）は、報告文では避ける
- 日常的に使わない漢字はダメ
- 文章全体の漢字の割合は3割ぐらいがちょうどいい
- 「深遠」と「深淵」のようにまぎらわしい漢字は見直す

聞いてわかりやすい言葉、見てわかりやすい漢字の選び方がポイントです。

自分で書いた文章を声に出して読んでみるのが、第一ステップ。つぎは、近くにいる人にお願いして聞いてもらいましょう。聞き取りにくいところをチェックしてもらったり、いちばん伝えたいところがちゃんと伝わっているかを確認することで、よりわかりやすい文章に整っていきますよ。

第2章 ⑬ 文章のしめ方を工夫する

なんか、小学生の作文みたいになるんですけど、なぜですか？

同じようなリズムで……

「～しました。～しました。～しました。」みたいになってない？

before

当社が発売した新製品は、従来品と比べ性能が3倍もアップしました。開発チームが4年の月日をかけて開発しました。すでに、国内企業50社が導入を検討し、早くも注目を集めることができました。

after

当社が発売した新製品は、従来品と比べ性能が3倍もアップしました。開発チーム全員が4年もの歳月を捧げた汗と涙の成果です。すでに、国内企業50社が導入を検討し、早くも注目を集めています。

「です」を入れるのが、コツです!

ワタシは、企業で広報の仕事をしています。
ワタシの仕事は、企業の広報です。

前年と比べ、売上が約3倍にアップしました。
前年と比べ、約3倍もアップしたのが売上です。

ウワサ話は、人間関係をこわすのでよくありません。
ウワサ話がよくないのは、人間関係をこわすからです。

「〜しました」調の文章の前後を入れ替えるだけです。

「〜しました」みたいな文章が3回連続で続くと、まるで小学生が書いたような同じリズムの文章になってしまいます。文章ブロック1で「〜しました」をつかったら、つぎのブロックでは「〜です」を入れる。または、体言止めで「〜なサービス。」という感じにする。それで、文章のリズムはよくなります。

長文の書類をつくると、だんだん単調な文章になってきますよね？

そんなときは……

「長・短・長・短・短」を意識して！

長・短・長・短・短の事例1

企業の自己紹介Ver.

【長】我が社の歴史は、一本のネジからスタートしました。【短】「人と共に働くロボットを。」【長】その思いに突き動かされながら、創業者である中田軍二が試行錯誤を重ね、初号品を完成させました。【短】発売後、大手企業から注文が殺到。【短】今も当社のロングセラー製品です。

長・短・長・短・短の事例2

SNS Ver.

【長】みなさんが使っている器やコップは、人とロボットがいっしょに作っているって知っていましたか？【短】そのロボットには、私たちの会社のネジが使われているんです！【長】歴史は古くて、もうすぐ70年！ さいしょに作ったネジは今も現役です。【短】日本はもちろん世界でも！【短】約1000社をこえるメーカーで活躍中です！

短い文章は文末を意識すること!

例1. ◯◯であること。 ← 「こと」でしめる。

例2. ◯◯な◯◯を。 ← 「を」でしめる。

例3. ◯◯だったり。 ← 「だったり」でしめる

例4. まもなく100万個！ ← 数字でしめる。

例5. 「君ならできる」。と背中を～ ← 会話文にする。

体言止めやセリフなんかも使えますよ。

ちょっとむずかしいように感じますが、短い文の書き方さえ覚えればカンタンです。ベースは、「長・短・長・短・短」ですが、だんだん慣れてきたら、全体の文章量にあわせて「短・長・短・短・長」など、アレンジしてみてください。ひとつだけ注意するのは、長い文章が続かないようにすること。長文が連続すると、疲れますから。

あの～『、』って、どこに打つのが正しいんですか？

そんなときは……

とりあえず、「開発部長長谷川さん」は「開発部長、長谷川さん」という感じで読みにくいところに打てばいいと思います。

句読点の打ち方

読みにくさの解消Ver.

開発部長長谷川さんは、苦労の末直面する課題を解決した。

←

開発部長、長谷川さんは苦労の末、直面する課題を解決した。

句読点の打ち方

読み誤りを防ぐVer.

全力で仕事をする長谷川さんを助けた。
（全力で仕事するのは、長谷川さんという意味）

←

全力で、仕事をする長谷川さんを助けた。
（長谷川さんを、全力で助けたという意味）

「、」を打つルールはいろいろ！

①漢字やひらがなが続くところに入れる！

私たち、広報部を中心に、製造、営業、管理がなかよく、のびのびと、成長してきたい

②息継ぎをするタイミングに入れる

③強調する言葉のポイントで入れる！

この3つを覚えておけばOKです。

さいしょは、「読みにくそうなところ」を見つけて「、」を打ちましょう。徐々に慣れてきたら、誤解されそうな文章を正したり、同じような意味が重なるところ（例：当社は、1970年昭和45年に創業した⇒当社は、1970年、昭和45年に創業した）などに打ってみましょう。

課長から『文章を推敲してから出しなさい』って……。
スイコウってどうすれば？

そんなときは……

ひとつの文章に、ひとつの情報だけを入れる。それをチェックすればいいと思いますよ。

ひとつの文章に情報がたくさんある文

今回、購入したのは「パソコン」と「プリンター」で、パソコンは最新スペックで、プリンターは今もっとも人気の製品を選びました。購入したプリンターは省エネで効率的なので、非常に便利です。

ひとつの文章に、ひとつの情報を入れる文

今回、購入したのは「パソコン」と「プリンター」です。パソコンは最新のスペック。プリンターは今もっとも人気が高い製品を選びました。しかも、省エネで効率的なので、非常に便利です。

さらに、文章を推敲するポイント

意味が重なっていないか？

例．手厚いサポートのおかげで不安が払拭され、安心して仕事に取り組めました。

（正）「不安が払拭されたので、仕事に取り組めました」
（正）「〜おかげで、安心して仕事に取り組めました」

言い回しが正しくなっているか？

例．きょうはとても寒かったせいで、外で思い切り遊んだ。

（正）「〜寒かったせいで、外で遊ぶことをあきらめた」
（正）「〜寒かったから、体を温めるために外で思い切り遊んだ」

「一文にひとつの情報」「言い回しのチェック」「二重否定文の調整」を覚えよう！

スイコウって、ほんとうに面倒な作業です。客観的な視点で見直さなければいけないので。いちばん効率的で確実なのが、一日置いてチェックすることです。提出日の前日までには文章を仕上げておいて、翌日に改めてチェックする。書いたときの記憶がほどよく薄れているので、「あれ、なんでこんなふうに書いたんだっけ？」と思うところは、バシバシ、スイコウしましょう！

後輩のメール、改行がなくて読みにくい！
でも、なにを基準に改行させたらいいの？

そんなときは……

「挨拶」から「本題」に入るところで改行。「本題」から「補足」で改行かな。

before

お世話になっております。当社の新製品がお役立ちかと存じます。特設デモや詳細情報の提供など、ご要望に応じてサポートいたします。お時間いただければ、ご説明も可能です。ご検討いただけますと幸いです。

after

お世話になっております。
当社の新製品がお役立ちかと存じます。
特設デモや詳細情報の提供など、ご要望に応じてサポートいたします。
お時間いただければ、ご説明も可能です。
ご検討いただけますと幸いです。

改行する目安はいろいろあります。

お世話になっております。株式会社パンシーウェブの佐々木です。

先日は、会食にご参加いただきまして、
誠にありがとうございました。
お陰様で楽しい時間を過ごすことができました。

長文は適時、改行。長いと読みにくい

さて、先日よりご相談しているプロジェクトの件ですが、
早々にも本格的に始動させたいと思っております。

「挨拶」⇒「要件」に変わったところで改行

弊社の稲庭も、

「田代さんに任せれば大丈夫だよ」

会話で改行すると、際立って伝わりやすい

と、全幅の信頼を置いているのでなにも心配はしていませんが、
念のため一度、お打ち合わせをお願いしたく思っております。

ご都合いかがでしょうか？

意味、場面、句点、読点、会話文などで改行！

メールであれば、20〜30文字、2〜3行を目安で改行する人が多いようですよ!!

第2章 ⑱ ひらがなを効果的に使う

漢字、多すぎ！　え？　どれを
ひらがなにすればいいって？　それは……

そんなときは……

漢字がずっと続くところで、ひらがなを入れてみてよ！

読み取り間違いや読みづらさを解消するため、
以下の漢字はひらがなの表記がオススメ

ひらがなの方が読みやすい漢字一覧

挨拶 あいさつ	敢えて あえて	様々 さまざま
何時 いつ	居る いる	概ね おおむね
事 こと	直ぐに すぐに	出来る できる
宜しく よろしく	様に ように	予め あらかじめ
殆ど ほとんど	位 くらい	

もうすこしレベルの高いところから考えると、「意味にあった言葉を選ぶ」というのがあります。たとえば、アマゾンで「命」がつくタイトルを検索すると、その多くが「いのち」とひらがなで表記されていることがわかります。これは、命という言葉が「息吹き」に近く、壊れやすく羽のような柔らかなイメージを表現するために、ひらがなを用いていることがわかります。こんなふうに、意味から考えて、漢字orひらがなで検討してみると、より質の高い文章表現ができます。

上司が『引きこむような文章に！』って、無理なことを言います

そんなときは……

「それは、こんな方法がある」と書くところを「こんな方法があることをご存じ？」に！

before

社内規則を、これまでよりも徹底させたい。それには、大阪のとある町工場が考案した次のような方法がある。実際に、紹介してみよう。

after

社内規則を、これまでよりも徹底させたい。大阪のとある町工場が考案した、その秘策をご存じだろうか？　実際に、紹介してみよう。

疑問文のバリエーションはコチラ!

～ご存じでしょうか？

～と感じることはありませんか？

～が多くないでしょうか？

～したくないですか？

～とは？

～なのか？

～できますか？

書き出しを「?」の文章にしてみましょう。

読む人を引き込むには、どうやって共感させ、関心をもってもらうかというのが大切です。疑問文のように、「～ご存じだろうか？」とたずねられると、こころの中で「知らない」と反応してしまい、次の文章が読みたくなる。また、文章の途中に疑問をはさむことで、普通の文章にアクセントがプラスされて、エッヂのきいた印象になります。

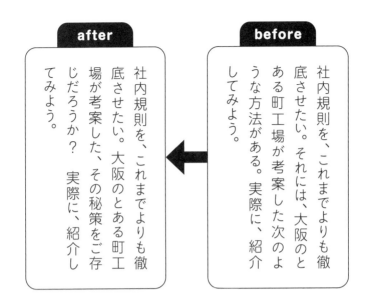

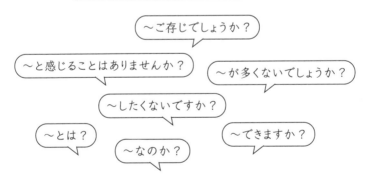

たくさん『です・しました』ばっかりだと、
似たような文章になるんです

そんなときは……

「すばらしい、
ホワイト企業です」を
「すばらしい!
ホワイト企業!」と
書いてみたら?

before

ホワイト企業といえば、私が新卒で入社した某IT企業がそうだった。ボーナスは平均値以上で、月の残業はナシ、しかも有給休暇の消化は100%だったんですよ。

after

私が新卒で入社した某IT企業は、すばらしかった。ボーナスは平均値以上で、月の残業はナシ、しかも有給休暇の消化は100%だったんですよ。これぞ、ホワイト企業！

「体言止め」の使いこなし方

2文に分けてしまうパターン

例1. お客様ファーストが、当社の自慢です。

➡ 当社はお客様ファースト。それが自慢です。

「します・です」をとってしまうパターン

例2. この本は読み応えがあって、役立つ本ですね。

➡ この本は読み応えがあって、役立つ本。

頭の文を後ろにつなげてしまうパターン

例3. 新プロジェクトには、チームワークが重要になります。

➡ チームワークが重要。新プロジェクトでは。

単語や数字でおわる文章を「体言止め」と言います。

文章を最後まで言い切らず、単語や数字でピタッと止める。それによって、意味を強調して読み手を引きつけられ、文章のリズムも出るようになります。もうひとつ、例文をご紹介しましょう。（例文）【私がその日、海で釣った魚は、なんと七色に輝いていた】⇒【私がその日、海で釣ったのは、なんと七色に輝く魚】。七色に輝く魚のイメージや余韻が残りますよね。

第2章 21 擬音を効果的に入れよう

この企画書……読む気すら起きない！なんで?!
キーーッ!!

そんなときは……

五感にひびく擬音でリズミカルな文章に！

before

本製品の魅力は、配合成分が直接、肌の奥に届くこと。約48時間、肌の奥までゆっくり染み込んで、見違えるような仕上がりに！

after

本製品の魅力は、配合成分が直接、肌の奥に届くこと。約48時間、肌の奥までジワジワ染み込んで、ぷるんぷるんの仕上がりに！

五感を刺激できる擬音

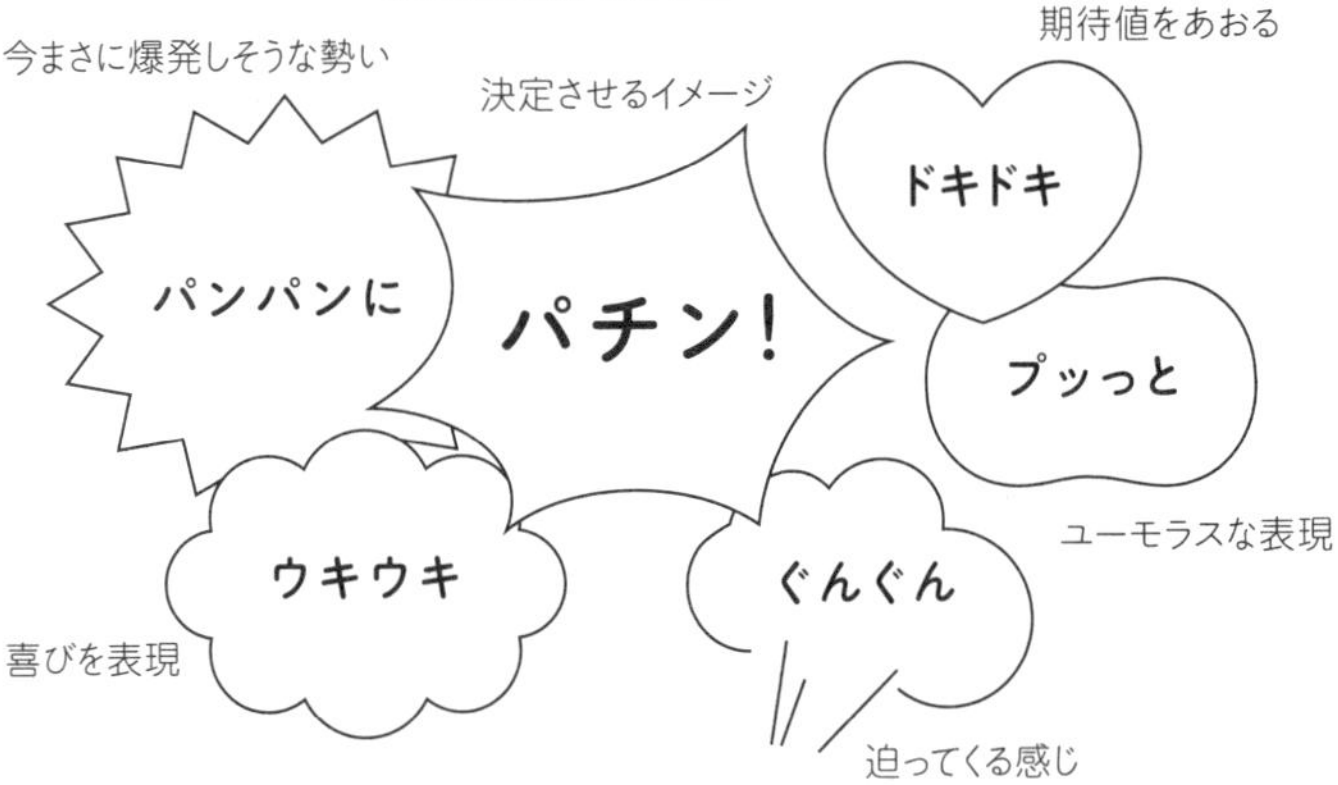

今まさに爆発しそうな勢い
パンパンに
決定させるイメージ
パチン！
期待値をあおる
ドキドキ
プッっと
ユーモラスな表現
ウキウキ
喜びを表現
ぐんぐん
迫ってくる感じ

とくに、企画書で使ってほしい効果的な擬音。

「ジワジワ」「ぷるんぷるん」「ジュワっと」「ジンジン」「とろり」など、擬音の種類はたくさんあります。企画書や提案書を作成するときは「文章を読ませる」よりも「感情にストレートに訴えかける」ことの方が大切だったりします。この擬音パターンを覚えれば、これまでと違う企画書がビシっと仕上がり、ドカンと採用されるかもしれません！パチパチパチ〜！

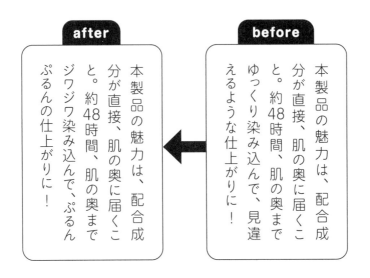

専門ジャンルをわかりやすく伝えるには？

専門的なジャンルの資料を誰が見ても共感できるように伝えたい。でも、専門用語を使ってもわからない。そんなときは、どう書けばいい？

「オール・ワン株式会社」代表取締役の勝見健一さんに聞きました！

イメージできる例え話に置き換える。

弊社は、国内外のベンチャー企業の事業や海外の不動産、株式などに投資を行っています。また、第三者的な立場から法人保険の提案をはじめ、経営課題の発見や対策などの相談もお受けしています。そのため、お客さまにお渡しする資料などを作成する機会が多いのですが、一般的に取っ付きにくい〝金融〟に関わる事業が多いので、わかりやすく共通認識が得られるよう、**説明内容を〝例え話〟に置き換える**ことが多いですね。例えば、空手を例にする場合、「通信教育の空手家か、極真空手の空手家のどちらに空手を学びたいですか？」という感じで質問します。私だけが体験した「特別な体験」を書いても伝わらないので、一般的に多くの人が体験している内容に置き換えて、誰にでもイメージできるようにするのが重要だと思っています。

勝見健一さん

1971年生まれ。大阪市出身。大学卒業後、中堅アパレル会社に就職したのち、大手生命保険株式会社にヘッドハンティングされ、転職。5年強の勤務後に、社内の独立制度を活用し、2005年9月、中小企業の支援を目的としたマネーコンサルティング会社「オール・ワン株式会社」を設立。中高大とラグビーに打ち込んだ体育会系。

第3章

なにを書けばいい？ なんて迷わず書くコツ

いや、なにをどうやって
書けばいいの？
それが、そもそも
わかんない。
そういう人が、
迷わず書くコツを
ご紹介します。

第3章 ㉒ 5W1Hを疑ってみる

『いつ・どこで・だれが・なにを・なぜ』とか考えて、書けないです！

そんなときは……

「感動」や「感情」をむき出しにして書いてみ！

SNSで企業の活動レポートを発信するケースはまさにコレ！

before

7月7日の七夕、長野県の浅間山にてA社合同でグリーン活動を実施しました。自然をきれいに保つ活動を通して、当社が描く「美しい地球」を守っていきたいと考えています。

↓

after

美しい地球を守りたい！　きれいな自然を残したい！　ということで、「未来社」のみんなで山のお掃除へ。めちゃくちゃがんばりましたよ。もちろん、会社の活動です。

文章は「正しい」より「楽しい」を優先して！

ヤバい！
おもしろい！
楽しい！
びっくり！
なるほど！
なんで、
そう思ったの？
なにを、
したの？

感情を優先して、後から理由を書けばOKですよ。

不特定多数が読むSNSの場合、たくさんの文章が流れていくので、じっくり書いても読まれにくい。だから、目を引くように、まずは「感情的に、感動を伝える」を優先して。詳しいことは、あとからブログをつかって、じっくり書いてみるのもいいと思いますよ。

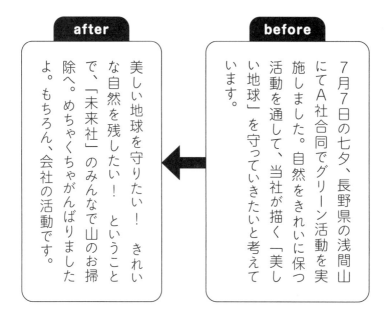

文章の順番が、おかしいってよく言われるんですけど……

書いた中身を整理して……

大きな話から小さな話に向かって書いて。

before

今回は「毎秒１００回転の工作機械」をご提案します。当社にとって新たな試みで、生産現場の生産量を2倍から3倍まで高められます。

after

今回、当社にとって新たな試みとして、生産現場の生産量を2倍から3倍まで高められるご提案をします。「毎秒１００回転の工作機械」を開発しました。

頭の中ではこんなイメージで

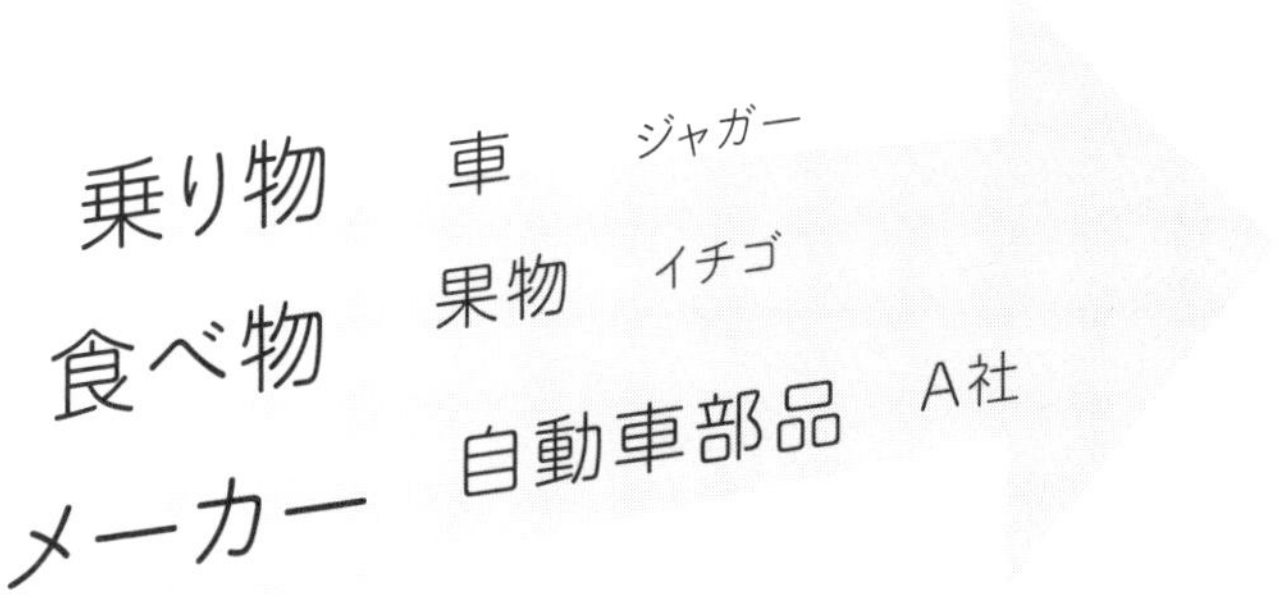
乗り物
車
ジャガー
食べ物
果物
イチゴ
メーカー
自動車部品
A社

ジャンル⇒区別⇒個別の順に。

ビジネスシーンでは、「大枠から各論へ」とか「コンセプトから企画へ」みたいな言い方もされますよね。場合によっては強いインパクトがあって、わかりやすいものであれば「具体的な話」から入ってもいいと思います。「本を読まない人のための文章の本」とか。

結果を書いて理由を書いて……
なんか、後の文章が続きません

ビジネス書によく出てくる……

「結論から書こう」を信じすぎないで！

結論から書くパターン

1日1分だけの新しいダイエット法！　それが、私たちが考案した「トレイン・トレイン・トレイン」です。無理せず自分のペースで続けられますよ！

理由から書くパターン

ダイエットの鍵は、無理せず自分のペースで続けられること。私たちが考案した新しいダイエット法「トレイン・トレイン・トレイン」は、毎日1分だけ！　高い成果を期待できます。

「結論」から書くと、こんなデメリットも！

- **興味が薄れる「結論」だと、最後まで読まれない**
- **時系列じゃないと理解が深まらない**
- **遠回りした言い方の方が親しみがわく場合もある**

話のテーマがあって、理由があって、結論という流れも覚えよう。

要点だけ伝えたい！　っていう時もありますよね。そんなときは、結論から書くのも大切です。じゃあ、どうやって後の文章を続けるか？　それは、カンタンです。「なぜなら？」と自分に問いかけてください。「働きやすい職場とは、先輩が厳しい職場です」なぜなら……と、理由を書くだけ。お試しください！

どのタイミングで、大事な内容を書けばいいんでしょう？

一回きりじゃなくて……

何度も、何度も、重ねて使っちゃえ！

＼＼ 企画書の場合 ／／

展開1

本企画のコンセプトは……
「レトロノーム」です。

↓

展開2

「レトロノーム」とは……
【レトロで＋ときを刻む】を意味する言葉。

↓

展開3

「レトロノーム」こそ、
現代人の気持ちにフィットする。
新しいレトロな時間を、いっしょに刻む。
そんな企画をご提案します。

特に、新しいキーワードや造語の場合、一回ぐらいでは覚えてもらえません。CMでもそうですよね。「しつこいな」「もう知ってるよ!」と思われたときに、初めてメッセージが伝わっています。どれくらい重ねるか？　何度も重ねることで好感が高まる「ザイオンス効果」では、10回ぐらいが適当とされていますよ！

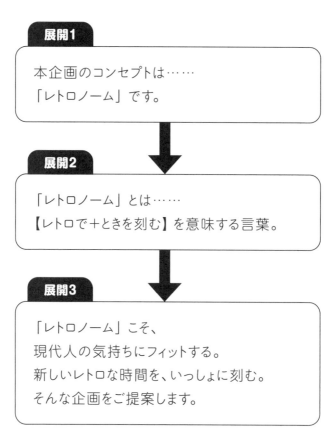

第3章 ㉖ 重要性の高いものから書く

いつも後輩の報告メールを理解するのが大変……
なんで、そうなるの？

だったら、伝えたいことをちゃんと整理して……

重要なモノから順番に書こう！

before

先日の会議ですが、桐島さんが欠席されたので、代理で伊藤部長が進行をされました。プロジェクトAに関する仕入れについては海外調達の方向で決定。ただ、調達期限が来週中ですので、ご確認ください。

after

先日の会議を受け、プロジェクトAの仕入れを海外調達の方向で決定。調達期限は来週中。ちなみに、会議は伊藤部長が代行されました。

重要度が高い順番を整理！

問題の
大きさ
時間的な
リミット
読む人全員に
関わる問題

を、先に書く!!

早く結論を出さなければいけないことから書こう。

「期限が決まっていること」や「問題がだんだんと大きくなっていくこと」は、迷わず先にメールに書きましょう。それから、理由や背景をまとめるという順番で書いてみてはどうですか？

27 オイシイところを見出しに

社内ブログの見出しがヘン！　どう伝えればいい？

そんなときは……

文章の中で「オイシイ」ところを書く！

事例文：社内ブログ

社内での珍しい社則について

私たちの会社には、珍しい社則があります。それは、仕事で失敗した人に「おめでとう！　成長するチャンスだね！」と声をかける「ハッピー成長エール」という制度です。このおかげで、仕事でミスをしても、気持ちの切り替えができて助かっています！

＼＼ この文章に見出しをつけると?! ／／

見出し例1

我が社の珍しい社内ルールについて

見出しというよりタイトルっぽい！もう少し興味を誘う感じで！

見出し例2

「ハッピー成長エール」とは?

認知されていない単語を入れても、意味が伝わりにくい！

見出し例3

失敗した人にエールを送る?
我が社の社内ルールとは

ん？　と思わせる言葉を入れて、先を知りたくなるように！

長文の文章を書くと、どこかで「見出し」を入れたくなりますよね。でも、長ければ長いほど、「どこを、見出しにすれば？」と迷う人もいるでしょう。ひとつの目安は、「この一文は、キラーフレーズになる！」という部分を取り出すこと。その意識で、見出しづくりをしてみてね！

いざ、書こうと思っても、文章がスラスラ出てきません……

そんなときは……

名文の文章を丸写し！「型」を覚えちゃえ！

名文から文章の「表現」や「リズム」を学べるよ!

文章の書き方は、「型」といわれています。
カンタンに言えば、「文章表現」と「文章のリズム」のスタイルのこと。
模写すると、そんな「型」が身につきやすくなりますよ!

パターン 1 書き出しを写す

えたいの知れない不吉な塊が私の心を始終圧えつけていた。焦躁と言おうか、嫌悪と言おうか——酒を飲んだあとに宿酔があるように、酒を毎日飲んでいると宿酔に相当した時期がやって来る。それが来たのだ。（梶井基次郎 /『檸檬』青空文庫より）

書き出しは名文ぞろい! 「うまい文章」のスタイルを学べます。

パターン 2 短文を写す

それだから、走るのだ。信じられているから走るのだ。間に合う、間に合わぬは問題ではないのだ。（太宰治 /『走れメロス』青空文庫より）

短い文章の連続は、リズムが命! リズミカルな文章の勉強に!

パターン 3 有名な物語を写す

むかし、むかし、大むかし、ある深い山の奥に大きい桃の木が一本あった。大きいとだけではいい足りないかも知れない。この桃の枝は雲の上にひろがり、この桃の根は大地の底の黄泉の国にさえ及んでいた。（芥川龍之介 /『桃太郎』青空文庫より）

知ってる物語をどう書くか?
その違いを知ることが「伝わる文章」を書く第一歩です!

第3章 ㉙ 導入・展開・結論を意識する

なんか文章のバランスが悪いな……。何がおかしいんだろう？

目的の文章を……

「はじめに」↓「なぜなら？」↓「つまりは？」で考えて！

before

見た目年齢と最も関係があるのは肌の状態だと言われています。美容の中でもスキンケアが注目を集める今、自分に合った美容液を使うことが大切です。

after

【はじめに】美容の中では今、スキンケアが注目を集めています。
【なぜなら？】見た目年齢と最も関係するのが肌の状態だからです。
【つまりは？】そこで、自分に合った美容液を使うことが大切です。

わかりやすい文章は、正しい順番で展開！

なんの話 → それでどうなるの？ → 答えは？

序 → 展 → 結

文章は、【序⇒展⇒結】で展開させよう。

「導入・展開・結論」や「序・展・結」の勉強になるのが、4コマ漫画です。「何かが発生する」⇒「それが、どう転がる？」⇒「結末は？」で構成されています。この構成を、自然と考えられるようになると、文章もスラスラスラスラーと書けるようになりますよ！

顧客ヒアリングをまとめる？
こんなバラバラの話、ひとつになんてならないよ！

そんなときは……

勝手にストーリーを推測して、繋げちゃおう！

ヒアリング結果の要点

・何が大変？「現場に人手が足りない」
・なぜ今の仕事に？
「子どもの頃にあこがれていたのが料理人」
・特技は？
「ファッションセンスには自信がある」

要点をまとめた事例文

子どもの頃にあこがれていた調理師になった私。料理の世界は厳しくて常に人手が足りない。忙しい毎日だけど、好きなおしゃれをすると気分転換になって、料理に真剣に向き合える。

まずは、ヒアリング内容を箇条書きに

3つのうち2つは「仕事」のこと！ 仕事をテーマに物語をつくれる！

子どもの頃の夢 ……▶ 仕事のこと

仕事のこと ◀…… 苦労していること

趣味&特技 ………▶ 自慢できること

個別の内容の「共通点」がストーリーの軸になる。

共通点を見つけだすコツは、個別の話を「抽象化」すること。カンタンです。【たまねぎ⇒根菜⇒野菜⇒食べ物】（具体⇒抽象）という手順を試してみて！

SNS運用を任したのに、めっちゃ単調な投稿ばっか。なんで?

そんなときは……

「恥ずっ」「悔しっ」
「怖かった」
みたいなことを
書かせて!

SNSで発信する企業レポートを書く場合

before

きょうは、メンバーと一緒にゴミ処理施設の見学に来ました。最新鋭の高温焼却炉は有害物質の排出を限りなくゼロにできるそうです。

after

きょうは、メンバーと一緒にゴミ処理施設の見学に来ました。施設に入ってすぐ、禁止区域に入ってしまい、怒られ……。半泣き状態。落ち込んだ私に、職員さんが「この最新鋭の焼却炉は、有害物質の排出量が限りなくゼロなんです」って！　職員さんも施設も素敵！

負の感情を入れて書くこと！

言いづらいコトほど、読者に響く！

文章を書くときは、みんな自然と「ちゃんと書こう」「まじめに書こう」という思いが強くなり、単調になりがち。人との違いを出したり、個性ある文章を書きたいときは、あんまり人に言いたくないことをバンバン書く！　その意識を持てば、文章がポロンポロン、生まれるはず。

「株式会社エフィール」
代表取締役の横井哲也さんに
聞きました！

ブログやSNSを読ませる書き方とは？

会社でブログやSNSを運用していて毎日更新していますが、なかなか読んでもらえない。もっと多くの人に読んでもらえる文章とは？

文章に一番大切なのは〝リズム〟です。

ブログやSNSは決裁を求めるような重要な文章ではないと思うので、気軽に書くことがポイントです。特に文章の量には注意！　熱が入って長い文章を書いても、読み手にとっては退屈なだけ。肩の力を抜いて適度な量に収めましょう。そのなかでも私が一番気にしているのが**文章の〝リズム〟**です。文章が長くても短くても、リズムが悪ければ頭に入ってきません。例えば、〝ですます〟調が続いたら体言止めを使ってみる。変化を加えるだけでもリズムが生まれます。あくまでも私見ですが、日本人には「五七五」「五七五七七」といった川柳や短歌のリズムが遺伝子に組み込まれていると思っています。自分で文章を読み返したときに、そのリズムに合わせて、自分にとって心地よく感じる箇所に句読点を打つだけでも、これまでの文章よりリズムが良くなるはずですよ。

横井哲也さん

1970年生まれ。愛媛県出身。大学卒業後にフリーライターのアシスタントとして従事したのちに独立。関西の有名情報誌をはじめ、企業のPR誌やホームページ、動画などの企画・制作を多く手がける。最近は、イベントの企画や映画のラインプロデューサーなど、新たなジャンルにも挑戦している。

第4章

炎上禁止！「怒られない」文章のコツ

炎上って、怖いですよね。
でも、なんで炎上するか
原因を知っていますか？
これさえ覚えておけば、
あなたはきっと
「怒られない文章」が書ける！

さっき、取引先の人に『この表現ダメ！』って注意されました！

いろいろあるけど……

ハラスメントな表現に気をつけて！

＼＼「ハラスメント表現」と言われちゃう文章／／

「男性なのに」はNG！

「男性だから」「女性だから」という表現は、もちろんNG。「ヘルシーな○○だから、女性にピッタリ！」もギリギリな表現かも。

新入社員の鬼村保さんは、男性なのに学生時代は新体操をしていたそうです。だから、とてもスタイルがいいですね。独身の女性社員から人気が出ると思います。

「スタイルがいいですね」はNG！

ルックスに関する表現は男女を問わず避けましょう。褒め言葉だからといって、「キレイ」「かっこいい」「かわいい」「男（女）の子らしい」は、みんなNGです！

「独身の～」はNG！

いろんな人が見る文章でも、個人的なメールでも、その人のプライバシーに踏み込んだ表現は、やっぱりNG！触れないことがポイントです。

思わぬところに、NG表現が潜んでいます。例えば、何気なく使ってしまう「ビジネスマン」なんかも、「なんで、男に限定するの？」となるので避けましょう。言うなら、ビジネスパーソンか会社員。あと、「カメラマン」っていうのも微妙です。「フォトグラファー」なら、無難ですよ！

メール先の人が『いちいち説明しなくて良い！』
って怒ってまして……

そんなときは……

相手がどんな人か徹底的にリサーチしよう！

「新製品の開発を知らせる」リリース文を書く場合

一般の人々に向けて書くとき！

この度、当社が開発したのは、これまでにないネットショップサイトです。高性能の顧客管理システムと、マーケティング手法を取り入れ、オススメ商品を提案する「レコメンド機能」の精度が格段にアップしました。

Webシステムに詳しい企業向けに書くとき！

この度、当社が開発したのはCRMを取り入れたネットショップサイトです。レコメンド機能とは比べ物にならない高度な提案機能を実現しました。

まずは、送り先の人を知ること！

- 専門用語をていねいに説明する
- 送り先の人が作っている製品を説明する
- ライバル企業のことを褒める

知らずにやっちゃダメなことはこれぐらいあります！

年上の人に書くメールと、友だちに出すLINEの文章って違いますよね。それと同じで相手によって文章の書き方を工夫するのが大事！　例えば、オープンなリリースと、クローズドなメール。だれが読んでも大丈夫にするには、限りなくシンプルな方がいい。ターゲットを絞り込むと、相手に刺さりやすく、傷つけるようなことも避けられますよ。

第4章 34 「正しい情報」と言い切れる内容に

先輩に、『これ、本当に正しい情報なの?』って、詰められました!

自信がないときは……

あいまいな表現を使ってみよう!

文章で事実を書くときは「裏を取る」ことが大切です。
しかし、そんなことをやっている時間がない場合もありますよね。
そういったときは「あいまいな表現」で断言しないようにしましょう。

before

山田商事が開発した積算システムが、昨年度から土木業界で活用されています。当社でも導入を検討したい。

after

某業界誌によると、昨年度から土木業界内で活用されている実用的な積算システムは、山田商事がイニシアティブを取って開発したものらしい。当社でも導入を検討してみてはいかがだろうか。

あいまい表現は、ほかにも色々!

- それ、ホント? ← ～という、～らしい、～そうだ、～思います
- いつできる? ← 鋭意制作中です、週明け早々には、多少遅れますが、
- だれがいった? ← 大手新聞によると～、○○に詳しい方に聞くと～

ぼやかしながら、ちゃんと文章にできるよ!

あいまいな言葉を連発すると、中には「あぁ、自信がないんだな」と気づく人もいます。そんなとき、突っ込まれないためには、カタカタ用語を紛れ込ますのもコツ。セグメントやイニシアティブ、アセスメントなどを使いこなせば、文章としては立派なビジネス文書に仕上がるはず!自信がないとバレる前にリサーチ力を鍛えることを忘れずに!

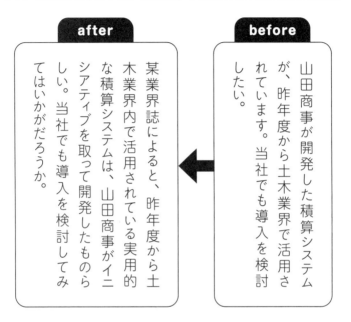

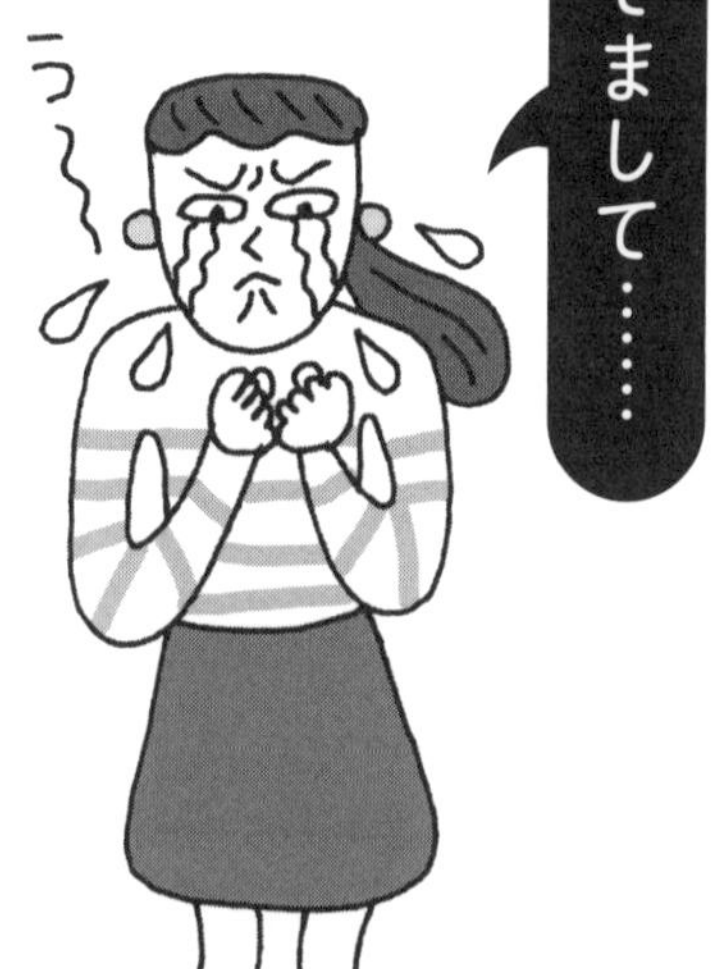
クライアントがなんか怒ってまして……
う〜

怒る理由はいろいろあるけど……

業種別のNGワードを知っておこう。

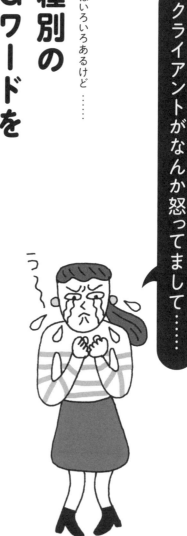

とくに気をつけないといけないのが、
医療やサプリメント、コスメ業界です。
薬機法に触れたら炎上どころじゃないですよ!

法律に触れない文章のコツ!

「解消します!」と直接の効果を書くのはダメ!

× 小ジワの原因を解消します！

○ 小ジワを予防し、目立たなくします。

「病気を予防」という表現は基本NG!

× 生活習慣病を予防します！

○ 健康な体を維持します。

病気に「効く」とか「効果がある」を断定してはダメ!

× 「がん」に効くビタミンCを含んでいます。

○ 「がん」に効果があるとされる
抗酸化作用を含むビタミンC。

業界ごとに独自のルールもあります。ある電機機器メーカーは、「商品じゃなくて製品」、「制作じゃなく製作」、「エッヂじゃなくエッジ」など。そんなルールがたくさんあるので、社内での情報共有だけじゃなく「日本工業新聞」などの業界紙を読む訓練をすると、ぼんやりルールが見えてくるよ！

第4章 36 下調べは十分すぎるくらいにする

SNSで『知らんクセに書くな!』って言われました

怒ってる理由は、たぶん……

リサーチが甘いと表面的なコトしか書けないからディスられる。

before

リサーチが弱いと突っ込まれやすい！

今日は、会社のサークル活動で地域にある小さな映画館へ出かけました。普段、サブスクで観る映画とは違い、見たことがない役者さんがいっぱい出てきて……。気付いたら終わってました！　残念！

after

少し調べると深い内容に！

今日は、会社のサークル活動で地域にある小さな映画館へ。オープンから50年以上らしく、館内には今では有名になった俳優さんの写真がいっぱい！　上映作品はヨーロッパで話題の単館作品！　初めて観る面白さでした！

調べるときのポイント！

いつ、できた？
どんな人が、やってる？
なにが、おもしろい？
いま、どこが人気？

時代・人・みどころ・話題の順にリサーチを！

「調べた情報を書ききれないよ！」という状態がベストです。それぐらいネタがあれば、どんなツッコミがきても「それはですね～」と返信もできる。調べるのは面倒ですが、リサーチは文章の土台ですよ！

後輩が書いた企業メッセージに批判が殺到していて……

そんなときは……

ちゃんと根拠を書いているかチェックしてあげて！

before

根拠がないと「ほんと？」と思われる

当社としては、行政のサポート体制が充実している外国人技能実習生をどんどん受け入れたいですね。

after

具体的な数字を入れると「ほんと！」になる！

行政サポートが充実し、２０２２年には外国人技能実習生の受け入れ人数が、過去最高の１８０万人を突破しました。当社も、どんどん受け入れたいですね。

意見・持論は炎上の原因に

「根拠」は数字が味方をしてくれる！

具体的な数字はどこで探すの？　インターネットで「割合」「推移」「金額」「人数」などをかけ合わせて調べると、ほしい情報が手に入ります。注意するのは、「どこが発表しているか」を確認すること。安全なのは、行政や有名企業の調査ですよ！

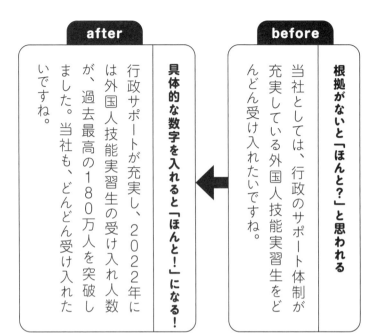

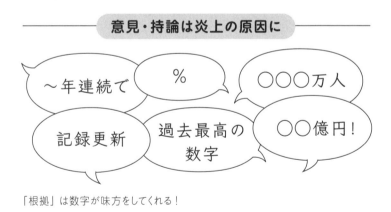

第4章 38 世の中の潮流を意識する

なんか後輩の文章が、先方から厳重注意を受けました。なぜ？

それはきっと……

社会の価値観に寄り添ってないから！

before

炎上しそうな採用メッセージ

忍耐力のある人たちが、活躍中！

after

時代の価値観にそった採用メッセージ

チャレンジスピリッツがある人、求む！

むかしと今では価値観は違うよ！

× 忍耐力のある人たちが、活躍中！

「我慢する職場が前提」というのがダメ！

○ チャレンジスピリッツがある人、求む！

「忍耐力≒がんばる人≒チャンレジ精神」と言い換える力が必要！

言いたいことを言い換えることも大切。

時代の価値観は、どんどんアップデートされています。とくに、ジェンダー、人種、生い立ち、職種に関して、配慮がない表現を使うと一発アウト。新聞やニュース番組をチェックして、どういう表現をしているか学びましょう！

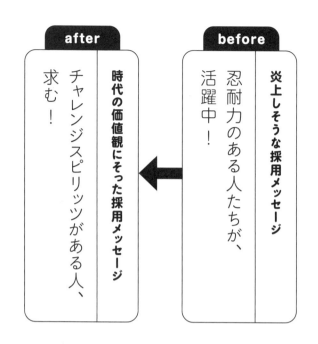

後輩がストレートで素敵な文章を書くんです……
炎上しないかな？

そんなときは……

その分野のご意見番を見つけよう！

before

強い意見は、「何様？」と言う人も…

私たちの会社は、コストでは勝負しません。創業から受け継ぐ歴史と信用、そして、他社を圧倒する優れた品質が武器です。

after

強い意見にはご意見番で補強する

私たちの会社は、コストでは勝負しません。創業から受け継ぐ歴史と信用、そして、他社を圧倒する優れた品質があります。品質管理のスペシャリスト、井上一郎さんによる厳しいチェックもクリアしています。

その分野の専門家がご意見番になる

ご意見番
（専門家・著名人）
に、認められた
と、開発した
と、パートナーである
から、リポストされた
に、取材された

文章のテーマによって、ご意見番を探しましょう。

ご意見番というのは、その道の識者のこと。専門家、有名・著名人、業界一の企業の人、その分野を調査している人など、いろいろです。接点を調べると、意外にどこかで繋がっています。そういう人たちに、話を聞いたり、評価してもらったことを文章に書けば、強い意見でも「なるほど！」となるはずです。

周囲の人から、頻繁に『キミの文章、上から目線が多いね』と、言われるんです

そんなときは……

「教えてあげます」じゃなく「教わります」を意識して！

「教えてあげます」文章の事例

「知らない人が多い」

「自社サービスを知ってもらって当然！」という姿勢がダメ！　書くなら「ぜひ、知っていただきたいことがあります」程度でしょう。

私たちが、先月発表した新サービスの魅力について、知らない人が多いようです。この機会に、皆さまの生活が劇的に変化する、当社の新サービス「おはようボンジュール」についてご紹介します。

「生活が劇的に変化する」

皆さまの生活を知っているという前提がダメ！　「変化するかもしれない」という控えめな表現の方が好感を持たれます。

「ご紹介します」

皆さまが「知りたいはず≒紹介しよう」という視点がダメ！「魅力に触れていただき、ご意見を伺いたい」という目線から書くのが安全です。

文章には、長い時間のなかで身についた「クセ」というものがあります。なかなか、自分では調整するのがむずかしいのも事実。解消する方法は、遠慮なく意見を言ってもらえる先輩や両親に協力してもらい「この文章、偉そうじゃない？」と聞いて、修正していきましょう。

何度も言ってるのに、正直すぎる文章を書いてくるんですよね

そんなときは……

マイルドな表現を教えてあげてね。

before

ストレートな書き方

先日、部長が作成された企画書ですが、ページのレイアウトが読みづらかったです。もっと、文字の大きさを変えたり、重要なポイントに色を付けたりしなければ、他の方も困ると思います。修正をお願いします。

after

マイルドな書き方

先日は、企画書の作成ありがとうございました。すばらしい内容ですので、もっと高いレベルを求めたいという気持ちになり、文字の大きさや色を調整してもよろしいですか？　他の方も喜ぶはずです。勉強のため、部長にお願いしたいです！

「怒り」が出そうなときは「褒め」に転換

本音		マイルド
修正して！	→	抜群ですが、ひとつだけ～
伝わってない！	→	伝え方が苦手で～
間に合ってない！	→	納期を見直すので、現状で可能な～

「褒め」の視点で考えてみよう！

何事も伝わらないと意味がない！　例えば、こんな詩があります。【ただ詩のみが、つねに、真理へと到る道である】フランツ・カフカの詩ですが、あんまりわかりませんよね。これを【空なんか見てるとね、ポエムみたいなものが浮かんでくる時ってあるじゃない。そんな時はね、いつも、本当のことがわかったような気になるんだよね】……わかりますよね？

「れいあうと・にっしん株式会社」
代表取締役社長の
名倉信一さんに聞きました!

名刺を見ただけで業務を理解してほしい!

営業のとき、お客さまがじっくりと私の名刺を見て、「何をしている会社ですか?」と一言。名刺を見ただけで会社のことがわかる書き方は?

〝伝える〟のではなく〝伝わる〟ように書く!

私たちは、ランチェスターの弱者の法則をもとに名刺・はがきコンサルタントとして、中小・零細企業のお客さまづくりをサポートしています。私の名刺のセミナーを聞いて、自社の名刺を作成される際に間違えてしまうのが、〝売り手目線〟で文章を作成してしまうこと。「あれもこれもできるし、そのうえ納期も早くて価格は地域一安い、加えて、社員はみんないい人ばかりで……」。自分の伝えたいことばかり書いてしまう。そうなると、逆に何も伝わらなくなってしまいます。ここで大切なのが、〝伝えたいこと〟をたくさん書くのではなく、**〝お客さま目線〟で〝伝わるように〟書くこと**がとても重要です。商品やサービスの紹介ではなく、〝お客さまが困ってることをどのように解決できるか〟。それが伝われば、あとはそれに合わせてしっかり説明するだけで大丈夫です。

名倉信一さん

1966年生まれ。大阪市出身。大手コンサルティング会社に入社し、コンピュータシステムの開発に携わったのち、父親が創業した「れいあうと・にっしん株式会社」の代表取締役社長に就任。中小・零細企業のお手伝いができないかと、業績を上げる名刺づくりの専門家、名刺コンサルティングを始動。名刺制作実績は5000件を超える。

第5章

深く伝わるメールのコツ

ビジネスでメールを使っている人は、ほんとうにきちんと内容が伝わっていると思いますか？一度、このコツを読んで自分でチェックしてみて！

先輩! もう期日が過ぎているのに回答が返ってこなくて……

そんなときは……

「いつまでに!」「どういう理由で?」を明確に書いて送ってみようよ。

before

本日はありがとうございました。では、ご提案のコンセプトに関する調査資料と企画書をお待ちしております。楽しみにしております！

after

本日はありがとうございました。では、ご提案のコンセプトに関する調査資料については、週明け月曜までにご送付ください。来週木曜に会議がありますので、企画書はそれまでにご送付をお願いします。

期日を決める理由を明確に！

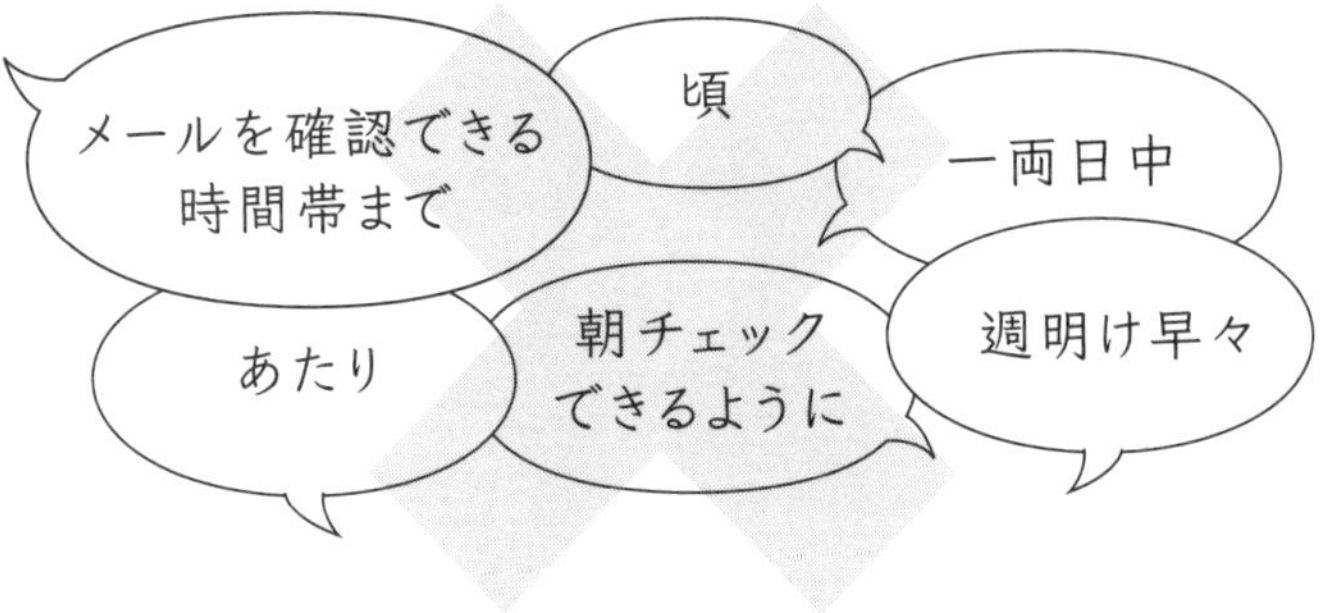

メールを確認できる時間帯まで
頃
一両日中
あたり
朝チェックできるように
週明け早々

あいまいな表現は相手が勝手な理解をするから注意！

あと、「前向きに検討します」「検討中です」「考えておきます」「こちらから必要があれば連絡します」といった表現も、ネガティブな意味として使われることが多いので覚えておきましょう。ほんとうに、検討する時は「●●までに回答します」と返事をしてくれますからね！

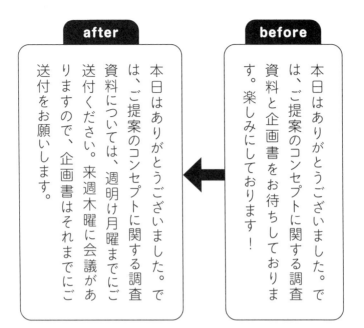

ねぇ。ていねいな文章だけど、なんか、読みにくいよ？

そんなときは……

「させていただく」と書いたあとは、「いたします」より「します」がいいな。

before

会議で決定した内容を後ほどメールさせていただきます。こちらで検討した案も踏まえて資料を作成いたします。お手数ですが、ご確認くださいませ。

after

会議で決定した内容をメールいたします。こちらで検討した案も踏まえて資料を作成しますので、ご確認お願いします。

敬語は「ここ!」というポイントで使う!

～させていただく
～存じます
～なられます
～いただきます
～いただいたのですが、

→ します

敬語を普通の文章に変換していきましょう。

相手に失礼にならないかな？　と、思う気持ちは、とってもわかります。でも、意味が伝わりにくいとか、読むのに時間が掛かる方が相手には失礼になることも。表現で、ていねいな文章を心掛けるより、相手に「気が利く!」と思ってもらえる文章に！

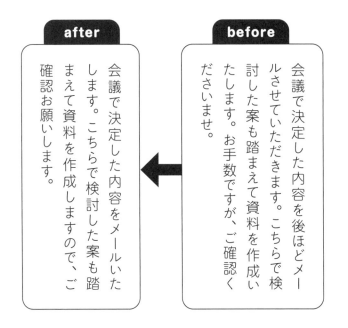

あんなに、ていねいに書いたのに、
ぜんぜん意味が伝わってないんですよー

気持ちはわかるけど……

忙しい人は、ざっと読むから冒頭に要点をまとめて。

\\ 要点をまとめられない人は「箇条書き！」 //

お世話になっております。
株式会社シックスワイルドの島村です。

来週の打ち合わせに向け、
事前にご準備いただきたい案件を整理しました。
ご確認ください。

・予算
・企画実施スケジュール案
・企画書の5ページ、7ページの修正
・アンバサダー候補案

以上4点を、打ち合わせまでに
ご用意をお願いします。

いつもワイルドな島村

「箇条書き」というテクニックのほかに、「テーマごとにタイトルを付ける」という方法もあります。事例文で言うと……【新規資料でのご提出分】予算、企画実施スケジュール案、アンバサダー候補案、【企画書分】5ページ&7ページの修正という書き方も！

第5章 45 「て・に・を・は」をマスターしよう

年配のお客さんから『文章がヘン！』って注意されて……

覚えるのはカンタンだから……

文章の「は」と「が」の使い分けを覚えたら十分！

「て・に・を・は」とは、文章をつなぐ言葉の総称。
いちばん覚えにくいのが、「が」と「は」の使い分け!
これをマスターすれば、正しい文章になりますよ。

最初に紹介するときは、「は」です!

お客様、仕事中の息抜きを贅沢な時間に変えてみませんか？
この商品**は**、史上初となるプロジェクター付きパソコンです。

後から紹介するときは、「が」です!

他社からもプロジェクター付きパソコンがリリースされています。
しかし、この商品**が**、史上初となるプロジェクター付きパソコンです。

こんなケースでも使い分けが必要!

○ おれっちは、革ジャン**が**着たい。

× おれっちは、革ジャン**を**着たい、と思う。

言い切りたいときは、「が」が正しいですよ！

正しい日本語なんて必要ないでしょ？　伝わればいいでしょ？　と思う人もいるかもしれません。でも、日本語というのはよくできていまして、幅広い世代の人に伝えるためには「正しい日本語」がいちばん効果的です。同世代や同じタイプの人だったら自由気ままが刺さりますけどね！

まずは、冷静に。そんなときは……

【ご挨拶】とか【打ち合わせのお願い】など【】をうまく使いこなそう！

件名でパッとわかるようにって……。できるわけないよ！

before

金井様 宛
メールにて失礼します。先般、会議での議事録をご送付します。

ていねいっぽいけど、
いちいち読むのがしんどい！

after

【議事録のご送付】
●月●日会議分 ご確認お願いします。

メールの目的を明確に！
ひと目でわかる工夫を！

件名を書く理由はいろいろ！

目的

【打ち合わせのお願い】田中様 ご予定の確認

確認したことを伝える

伊藤、確認しました→【打ち合わせのお願い】

日程管理

4/14・【企画書の送付】、(翌日)4/15【企画書の修正】

「目的を明確に」「取り急ぎの返信」「日程管理」など！

【打ち合わせのお願い】も【新規プロモーション企画の打ち合わせのお願い】と、さらに具体的に。逆に、スパムメールと区別するため、相手の意表をつく件名を付けるパターンもあります。【（御社「ひとりぐらしサービス」改善案）田中様 宛】など、相手の情報を入れると目を惹きます。

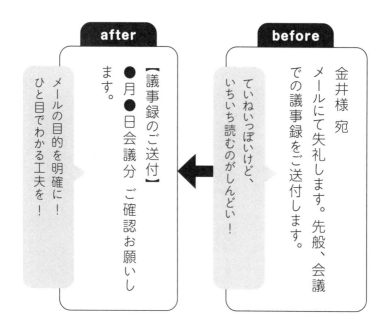

これは、アナタが聞いたこと？
それとも別の人？　あぁー混乱する！

混乱しちゃうのは……

人から聞いた情報を区別して書いてないから！

before

会議の議事録をメールいたします。「もっとインパクトがある企画がいい」に対し、他社と差別化するために真面目でまっすぐがいいと思います。

after

会議の議事録をメールいたします。課長から「もっとインパクトがある企画がいい」という意見が出ました。私は、他社との差別化を考えて真面目でまっすぐがいいと思います。

人から聞いた話は、文章の頭と後ろに気をつけて！

○○さんに聞きましたが～
○○さんによると～
○○さんの話によれば～

＋

～と、言います
～らしいです
～だそうです

この型を覚えれば、もっとしっかり伝わりますよ。

じゃあ、事実表現（私の意見や、自分で調べたもの）は、どうやって書くのかご紹介しましょう。ひとつは、主語に「私が～」「私は～」を付けること。お尻の文章は、「～と、思います」「～と、感じます」。または、「○○の調査資料では～」「○○で見た印象では～」という文章になりますね。

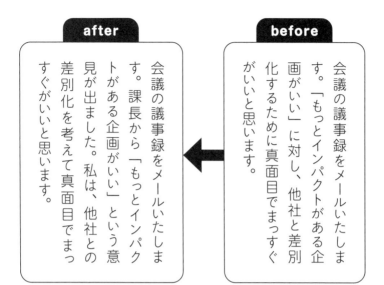

ちょっと！ なんかビジネスメールっぽいけど、
頭に入ってこないよ！

パッと見たら「デキる人」に見えるけど……

ビジネス語は3つ以上入ると読みにくいよ！って、教えてあげて！

before

当社の分析結果をお知らせします。IT業界は2000年初頭からパラダイムシフトに突入し、さまざまなキャズムが取り払われました。すでに、コアコンピタンスがコモディティ化された企業も大半で、不況の波が収まる気配がありません。

after

当社の分析結果をお知らせします。2000年初頭からインターネットが発展し、企業のさまざまな障害が取り払われました。これにより、企業の大半が、特徴を無くし、不況の波が収まる気配がありません。

ビジネス語は、使う必要なし

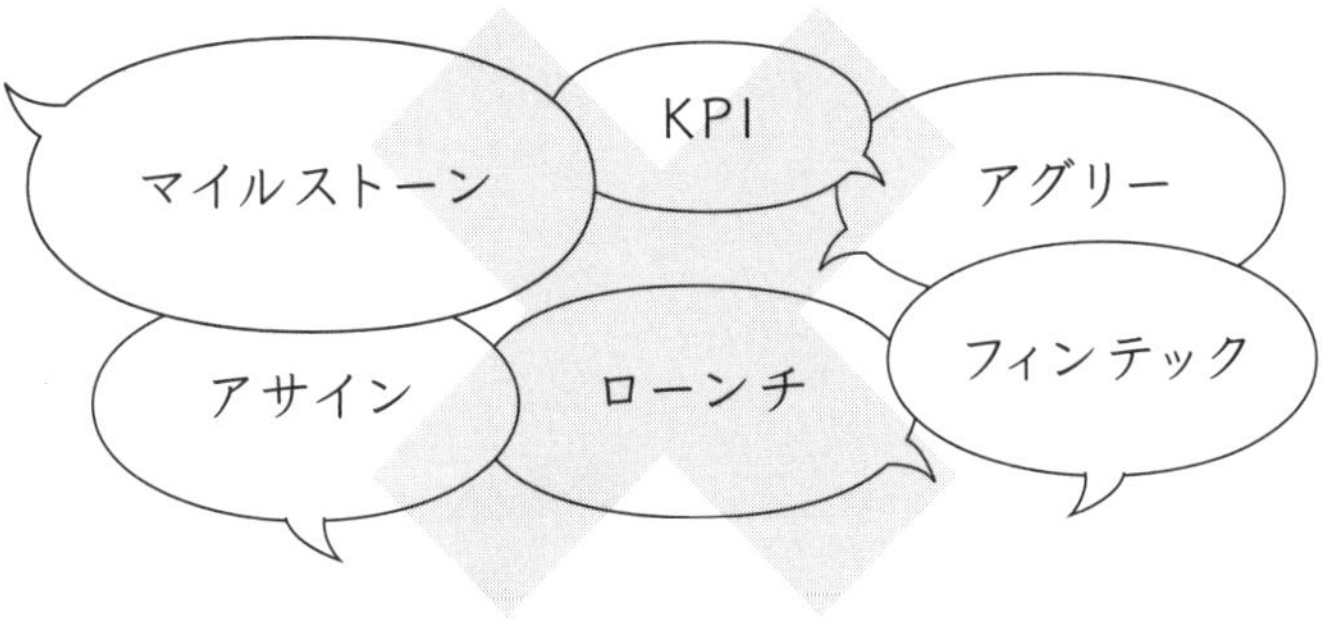
マイルストーン
KPI
アグリー
アサイン
ローンチ
フィンテック

使えば使うほど、パージ（のけもの）されますよ！

ちょっとだけ話はズレますが、面と向かって知らないビジネス語が出たときの対処法があります。「それは、どういう意味ですか？」と聞きましょう。相手は自信満々に用語を解説するので、即座に「いえ、その前におっしゃった言葉です」と、付け足します。言葉の意味を知らなかったことがバレずに、新しい学びを得られる方法です。ぜひ、覚えてくださいね。

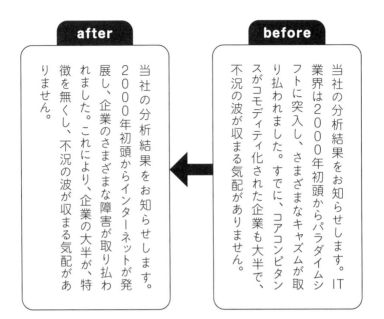

メールで感動を伝えたのに
『あんまり楽しくなかった？』って返ってきて……

メールで気持ちを伝えるときは……

似たものを1つ並べてから、褒めちぎるっていう方法があるよ！

before

昨日は素敵なレストランでのお食事ありがとうございました。まさか、水でつくったサラダを食べられるなんて思ってもいませんでした。より今回のプロジェクトをがんばろうという思いになりました。

after

昨日は素敵なレストランでのお食事ありがとうございました。以前、ギリシャで水のスープをいただいたことがありましたが、まさか、水でつくったサラダを食べられるなんて思ってもいませんでした。より今回のプロジェクトをがんばろうという思いになりました。

似たような事例をもうひとつ並べるのがコツ

コーヒーがおいしかったです。
本場コロンビアで飲んだコーヒーと同じくらいの感動でした。

とても素敵なジャケットですね。
ハイブランドのようなとても素晴らしいジャケットです。
身につけるとモデルさんのように素敵に見えます。

鈴木さんのおかげで無事に終えられました。
私の命を救ったトニー医師と同じぐらい感謝しています。

わかる人から褒められた方が相手は喜ぶ！

似たものを並べて、相手と関係がある方を一方的に褒めちぎる！　それで、グッと気持ちが伝わります。

話の流れが、わかりにくいって言われることが多くて……

そんなときは……

「以前は」「現在は」「未来は」という形で文章をつくってみよう。

before

当社の主流製品M-XX2は1分間に50回転、以前は35回転でした。この度、発売した新製品は70回転まで進化を遂げることができました。

⬅

after

当社が以前に開発した製品は35回転からスタートし、現在の主流M-XX2は50回転です。この度、発売した新製品は70回転まで進化を遂げることができました。

過去⇒現在⇒未来が理解を深める！

過去	→	現在	→	未来
一番目	→	二番目	→	三番目
100円	→	1000円	→	1万円
1m	→	100m	→	100km

時間、順番、規模、距離で並べてみて。

時系列通りに書くと、話の流れが見えやすいので、自然と理解が深まるというメリットがあります。文章のつなぎの言葉としては、「まずは」「つぎに」「最後に」という3つを覚えておけば、時系列の文章をカンタンに書くことができますよ！

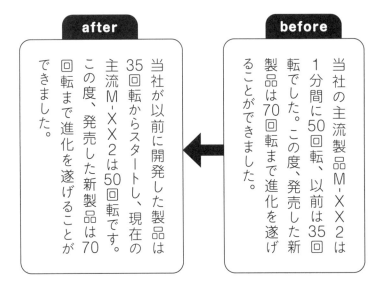

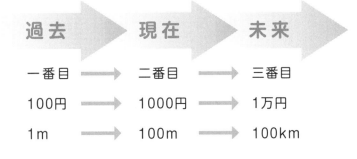

読んでる途中で『誰が何を？』が、わかんなくなる！
なにがダメなの？

それはね……

主語をハッキリとさせることで解消するよ！

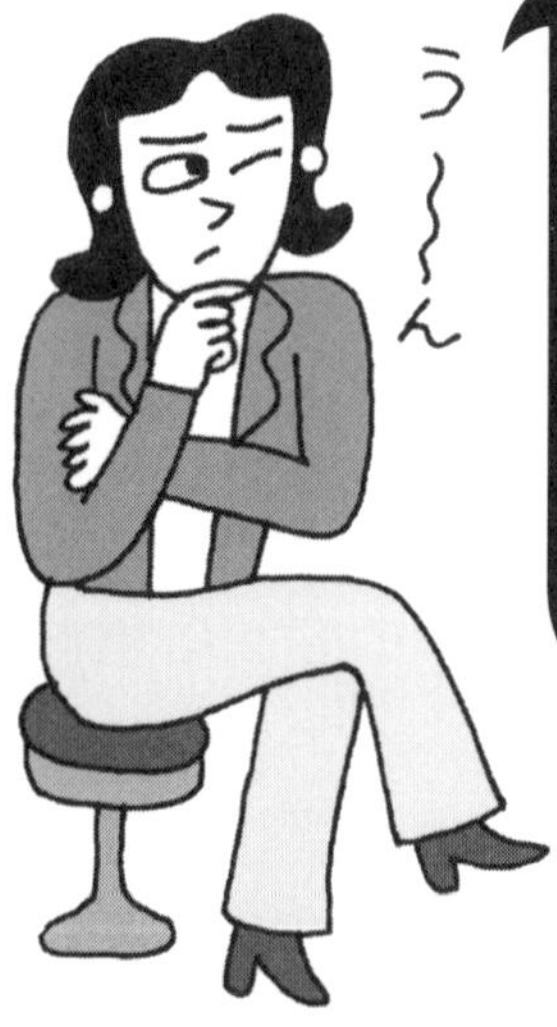

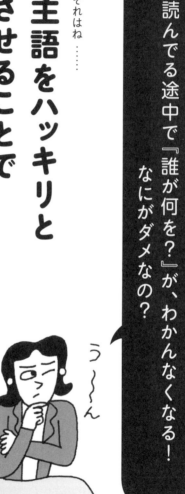

before

事務局が「ユージュアル銀行」に補助金を振り込んだはずが入ってなくて、「トラットリア銀行」を指定していて、もう振り込んだというのですが、帰らないとわからないので後で連絡します。

after

事務局から私たちのNPOに補助金を振り込んだと連絡がありました。「ユージュアル銀行」には入金がないのでどうしたのかと思ったら、私が「トラットリア銀行」を振込先口座に指定していたようです。忘れていました。帰宅後に確認して連絡します。

主語がないと意味を見失う!

✕ 私が送ったメールを佐藤さんと小林さんにも転送してもらえますか?

2つ主語があったら、2つの文章に分ける

○ 私が送ったメールをご確認ください。
転送で佐藤さんと小林さんにも送付をお願いします。

一文の中に主語は2つ入れないように。

一文に主語が2つ入っても意味としては成立します。でも、文章が長くなればなるほど意味を読み解くストレスが高まります。親切なのは、一文に主語は1つ。短く読みやすくすることで、サクサク理解が進みます。

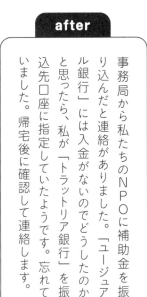

第5章 52 ギチギチにテキストを詰め込まない！

メールを開いた瞬間に『読む気なくなる！』って笑われました！

それはきっと……

画面を文章でみっちりと埋めているからだと思うよ。

文章を読みやすくするコツ3

本題に入るときに1行〜2行をあける

挨拶と本題を区切るために1行〜2行をあけて読みやすく！

読む気がなくなる文章事例

お世話になっております。株式会社トンガリチャイルドの月島です。

表題の件ですが、資料をご確認いただけましたか？

来週の会議に間に合うように提案書の作成を進めたいと思っていますので、お手数ですが、早急なご確認をお願いします。

よろしくお願いいたします。

月島コウジ

センテンスで改行する

3行目の「思っていますので」あたりで改行を。長いと端から端まで読むのがストレス！

行ごとに一行あけてもいい

画面に余白が増えると、さらりと読める印象に。メールで「一行あけ」設定もできるのでぜひ！

メールは読みやすさが命！　「うわぁ〜いっぱい文章を書いている」と思われると、すぐに読んでもらえなくなります。改行、1行アケ、画像を差し込むなど、ポイントは「余白」を増やすこと！

第5章 53 ポイントの要件は目立たせる

このメール、なにが重要なのかわかんないんだけど……。
でも、どうすれば？

そんなときは……

「ここを伝えたい！」を目立たせて！

2行から3行ぐらい行をあけて、
伝えたい要件を目立たせる!

before

いつもお世話になっております。
アイアイアイランドの高橋です。
先日、当社で主催したセミナーに関連して、
ぜひご相談したいことがございます。
御社の独自サービス「イーグルアイ」をセミナーで
ご紹介いただけませんか?

↓

after

いつもお世話になっております。
アイアイアイランドの高橋です。
先日、当社で主催したセミナーに関連して、
ぜひご相談したいことがございます。

御社の独自サービス「イーグルアイ」をセミナーで
ご紹介いただけませんか?

これは、相手のメールソフトとの相性にもよりますが、「行数をアケる」のほかにも、こんなテクニックがあります。【赤字で書く】【文字の太さを変える】【===や〜〜〜〜で囲む】など、ちょっとした工夫で要件はズバズバ伝わります。

企画提案をスムーズに進める書類の書き方は？

新しい物事を提案・開発するには、多くの人を説得することが必要。だけど、具体的にどうすれば企画を理解してもらえるの？

「一般社団法人アーバンツーリズム大阪・船場」理事の久保田正義さんに聞きました！

提出する書類によって文章を書き分ける！

観光まちづくり事業のコンテンツ開発において、自治体などに向けた資料を作ることが多くありますが、**提出する書類によって文章を書き分けて**います。主に最初に書くのが提案書。書類が一人歩きしてもいいように趣旨、目的、方向性などを明確に、誰が見ても理解できるように、共通言語を入れるように心がけています。提案が受け入れられると次は概要書へと進みます。概要書は基本的に何をするかを書くものですが、相手のアイデアが出るように細かなことは書きません。そこで上がってきたアイデアを吸い上げて、企画書に具体案を落とし込んでいきます。企画書では、映像が頭に浮かんでくるように簡潔でわかりやすく記載するのがポイント。そして各業者に対しての依頼書を作成します。いつどこで、誰が何をするのか。このように目的によって書類を書き分けると、理解されやすくなると思います。

久保田正義さん

大阪市出身。旅行・観光業界に30年以上（うち20年は旅行会社経営）従事した現場経験と実務ノウハウを活かし、地域資源を活用したコンテンツ開発、マーケティング戦略、事業者のマッチング、イベント企画や事業統括、指導及びコンサルティングなど幅広い「観光まちづくり」の領域で活動している。

第6章

企画書っぽい文章を書くコツ

いろんな形式の
文章のなかで、
企画書は、書き方が
ぜんぜん違うんです。
その秘密は、
本編でどうぞ。

第6章 54 キャッチーな言葉をつくろう

キャッチコピーって、なに？　どうやってつくるんですか？

キャッチーな言葉をつくりたいんなら……

真反対の言葉をひっつけたらどうかな？

A
頑丈なのに形状を変えられる鉄鋼 ← やわらかい鉄鋼

B
自然があふれるまち ← ないものがあるまち

C
働きがいにあふれた職場 ← 怖いくらいのホワイト企業

正反対の言葉をくっつけるだけ!

のんびり猛勉強が自慢です → のんびり ＋ 猛勉強

風のない扇風機を発売 → 風のない ＋ 扇風機

痩せないダイエット方法 → 痩せない ＋ ダイエット

「ん?」「おっ!」と目を引くのがキャッチーさです。

真反対の言葉をあわせる以外でいうと、ターゲットを変える方法があります。例えば、「キャンディー」のキャッチコピーをつくる場合。成人男性向け=「疲れた身体を癒すキャンディー」。高齢者向け=「孫が喜ぶキャンディー」など、対象を変えると刺さりやすい言葉ができますよ。

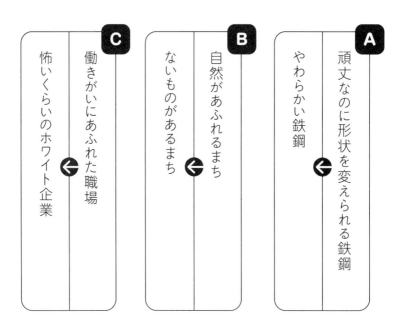

ダラダラ書くなってみんなが言うんですけど、目安はありますか?

企画書はパッと読ませるのが大事だから……

1ページ、だいたい50文字にしてみよう。

before

当社の強みは、独自開発の技術力と世界に広がるネットワーク力です！
今回は、この強みを生かした企画をご提案します。

after

他社を圧倒する！
独自開発の技術力、
世界規模のネットワーク力、
これが、本企画の強みです。

とにかく短くするのがコツ！

テクニックA

栃木県に行こう

1ページに、一行だけ入れてみる

テクニックB

その結果、
知りたいですよね？
答えは次項へ！

次のページに結果を書く

このテクニックを駆使して1ページの文字量を減らしましょう。

短い文章を意識すると、どんどん研ぎ澄まされてキャッチーさに磨きが掛かります！

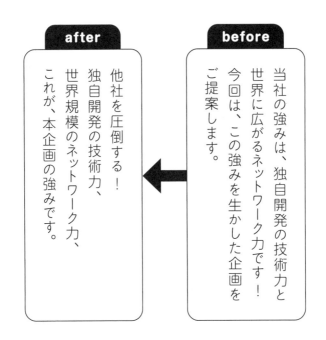

56 1ページにどれくらいの情報を入れたらいいのですか？

これも目安のひとつだけど……

1ページに言いたいことは「ひとつ」だけ！

ポイントは、ページ内で「理由」と「結果」を書かないこと。
ページ内で話を展開すると、
じっくり読まないといけなくなるから！

事例：ページごとの項目分け

1 導入：提案にあたって

企画の背景や「なぜこの企画を提案するのか」をまとめる

2 土台：基本コンセプト

「企画内容」ではなく「企画の方向性」をまとめる

3 本題：企画内容

どういう企画を実施するのかを簡潔にまとめる

4 展開：実施の流れ

その企画をどんな流れで進めるのかをまとめる

5 費用：実施するための予算

この企画をするために掛かるお金や収支構造をまとめる

6 まとめ：メッセージ

この企画を実施することでお客さんに
どんなメリットがあるのかをまとめる

究極は、「ページごとのタイトル」だけを、さらっと読めば伝わるようにつくること。企画書の役割は、みんなに素早く理解をしてもらうことですよ！

57 「共感」を紛れ込ませる

みんなから『これで気持ちが動くか?』って言われて。
そんなの個人差あるでしょ?

そのハードルを超えるには……

「〜と、思いません?」「〜できていますか?」みたいな問いかけで共感させよう。

before

受発注の情報を
Webで一括管理！

after

例1 受発注の情報をネットワーク化できていますか？

例2 物流事故が起きた場合のバックアップに対応していますか？

共感をもってもらえる言い換えを！

名刺管理が手軽で便利になります

→ **あの名刺、どこにあるか覚えていますか？**

インテリアに合わせたおしゃれな照明器具です

→ **あなたの照明は、ちゃんとおしゃれですか？**

強力なウイルスソフトを開発しました

→ **対策しても、迷惑メールが来る理由を知っていますか？**

共感は「心配」や「不安」を突くのがポイント！

企画書は、提案先の「悩みごと」を解消するためのものなので、相手をしっかり知ることが大事！ 「どんなふうに、なにを悩んでいるのか」をテーマに、色々と質問することで、相手に刺さるキーワードが出てきます。

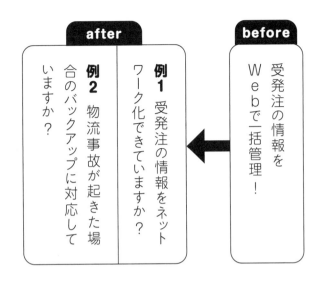

企画書だから、もっと煽って書いてほしいんだけど……
どう教えたらいい？

そんなときは……

読む人の期待が膨らむ言葉を選ぶようにしてみて。

企画書はクライアントを「その気」にさせなければいけません。
そのスイッチは、期待感を高める言葉をどんどん使うこと!

事例:地方を盛り上げる企画書で使えそうなキーワード

魅力再発見

体験型消費

インバウンド喚起

地域活性化に貢献

潜在層の発掘

「期待」は良いイメージを転がすこと

パーパス経営の強化

働きがいを醸成

ホームページ・リニューアル企画

販路の拡大

企業イメージを一新

顧客の掘り起こし

その企画でどんな人が何で喜ぶ? を考えよう。

賞味期限が短くその時期しか使えない企画書(例えば、SNSに関する内容など)なら、ホットワードやトレンドキーワードを散りばめるのもいいかもしれません。Googleトレンドなどで手軽に調べられますよ。

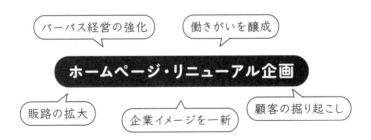

せっかく大規模な企画なのに……
なんか壮大さを感じられないよ！

そんなときは……

「この企画の課題は……」を
明確に書いて、
「こうすればクリアできます！」の
流れで壮大に！

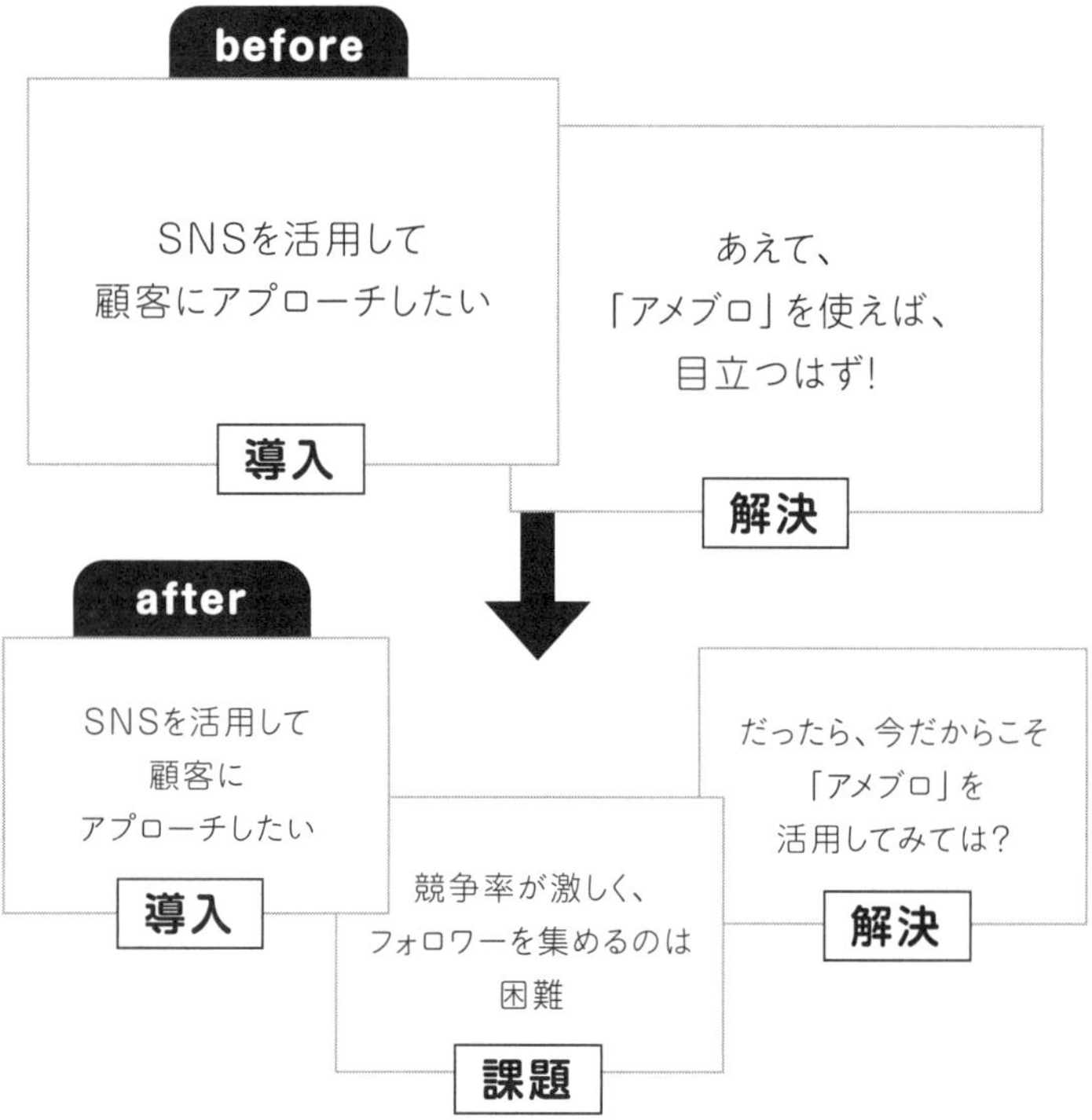
before
SNSを活用して
顧客にアプローチしたい
導入
あえて、
「アメブロ」を使えば、
目立つはず!
解決
after
SNSを活用して
顧客に
アプローチしたい
導入
競争率が激しく、
フォロワーを集めるのは
困難
課題
だったら、今だからこそ
「アメブロ」を
活用してみては?
解決

マイナスからプラスに持っていくと感動が生まれる

❶ 導入 → **❷ 課題** → **❸ 解決**

- ❶ 導入：企画の入り口・方向性
- ❷ 課題：なぜ、できない。どんな壁がある？
- ❸ 解決：どう解決する？ なんでこの答えがベスト？

導入・課題・解決の三段階でつくってみて！

ドラマチックなイメージが湧き上がる言葉もあります。「地球温暖化」「格差の解消」「国連憲章」「地方創生」「リベンジ」「V字回復」などが、背景を想像できる言葉ですよ。

売上アップを目的とした企画書……で、なにを書いたらいいの？

その企画書に求められているのは……

売上をアップさせるアイデアだけ！
そこだけに
全力投球してみて。

なるほど〜
ボリ
ボリ
POTATO CHIPS

＼＼ アイデアだけが求められているパターン ／／

売上が低迷している商店で課題が明確なケース

ポイント **1** 課題を解決する作戦を書く

ポイント **2** あっと驚くアイデアをいくつか書く

（思いつきのフラッシュアイデアも喜ばれるかも）

ポイント **3** 後押しで、ビジュアルイメージなんかも付ける

＼＼ 経営とかお金の計算を求められるパターン ／／

商品開発や出店計画など会社の根幹に関わるケース

ポイント **1** 長期的＆大局的な計画書を書く

ポイント **2** 情報の収集＆分析も入れて書く

ポイント **3** 収支構造も明確に

もっとざっくりと言えば、「アイデアだけがほしい」パターンの企画書は5〜6枚でOKです。それぐらいでおさまるボリュームが好まれます。でも、「もっと大きな視点で作戦を考えて！」という場合は、20ページとか30ページにおよぶ場合も。さいしょは、たいていの場合、アイデア用の企画書からでしょうけどね。

いやいや、ビジネス用語を並べればいいってワケじゃなく……

斬新な企画なら……

「かつてない」「革新的」とか、新しさを感じさせる言葉を散りばめて！

例えば、これまでにない新しい企画を提案するなら？

before

本企画は、これまでにない規模感で展開します。だから注目度も高められます！

after

本企画は、史上かつてないスケールで展開！業界に新たな主流を生み出す、エポックメイキングな施策です。

新たな企画には、新しさを感じさせる言葉を選ぼう！

- かつてない
- 革新的
- 史上初となる
- アフォーダンス
- イノベーションを起こす
- シグニファイア

こんな言葉を使ってみてはどうでしょう？

企画に合った言葉選び？　今、むずかしいと感じた人もいるかもしれません。でも、幼い子どもと、同世代の人に話すときは「話し方」や「説明の仕方」も変わりますよね。その企業のカラーや、企画のキャラクターをじっくり考えれば、それに合った言葉がポロポロポローと飛び出します！

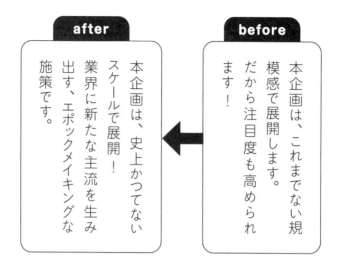

うわぁ、斬新な企画書！　でも、通る気がしない。なぜなの？

それはね……

あまりにも発想が飛び抜け過ぎていて、「どっちに転ぶかわからない」になってるから！

企画をつくるとき、「誰も見たことがない」ものを考えますよね。
でもね……前例がないものを選ぶ勇気って、みんなありません。
じゃあどうする？　成功事例を盛り込めばいいんですよ!

＼＼ 斬新な企画にこそ書くべき要素 ／／

ポイント
1 ほんとに利益を生み出せるの？

財務的な具体性。
収益構造をオフィシャルな情報にもとづいて書いてみて！

ポイント
2 ほんとに実施できるの？

斬新な企画ほど見えない要素が多い！
だから、他社の事例をリサーチ。
色々な企画から情報をかき集めて実現可能な理屈をつくろう！

ポイント
3 ほんとにどれくらい成功するの？

この企画をすることで提案相手は
どんな成功ができるの？という情報を！
業界が違えば、
意外と成功事例はあったりするのであきらめずリサーチ！

この本も斬新な企画にしようと思って企画書をつくりました。いっぱい成功事例とか、「約7秒でわかる」とか、その気にさせる言葉を盛り込みました。心優しい出版社さんに拾われて、こうやって読んでもらうことができました。作戦、成功です。サンキュー!

ちょっと、そんなすぐに別案のキャッチコピーなんて、できません！

それはね……

「自分のご褒美になるチョコレート」（＝自分）を「あげるのが楽しみになるチョコ」（＝他人）に！

別の方向性や軸、アイデアを出すのは大変!
ちょっとだけ矛先や、目線を変えるだけでOKです。

before

お年寄り向けのスマートフォン（本人向け）
シニアのニーズにマッチしたスマートフォン

after

お年寄り向けのスマートフォン（家族向け）
家族の安心を約束するスマートフォン

別案をつくるときは、この方向性で考えて!

お年寄り向けスマートフォンを……

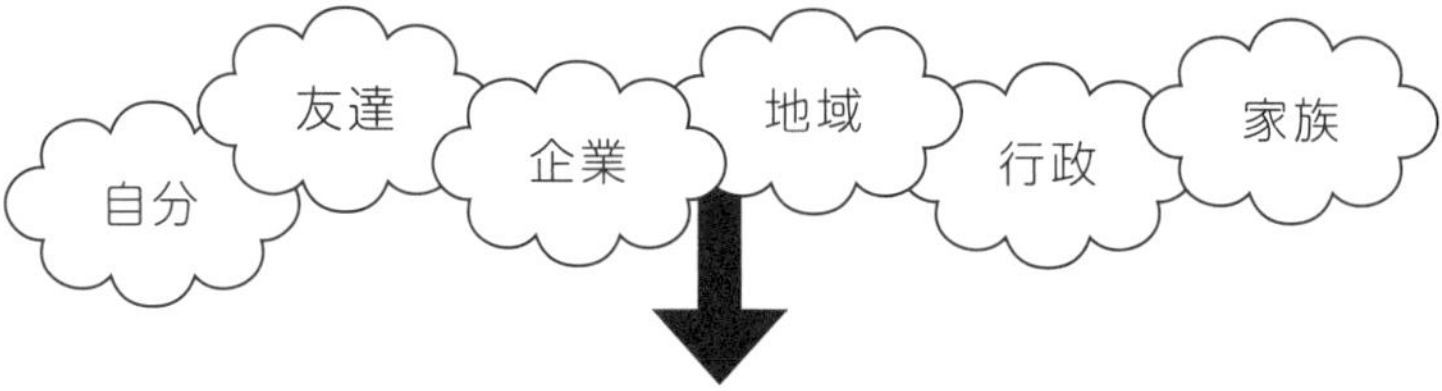

に、売るならどうやって伝える？

「得する対象」をどんどん変えていくだけ！

言いたいことはひとつ。表現を変えたいときは、これらの方法は使えます。なので、提出するときは、「伝えたいことは○○○○ですが、表現のバリエーションはこちらです」という言い方で出してみては？

商品の説明や魅力を端的に伝える方法は?

世の中にあまたある通販サイトの中から、自分たちの商品を選んでもらいたい。商品の魅力をしっかりと訴求するためには、どうしたらいい?

「地球洗い隊」店長の小山田貴子さんに聞きました!

何がどういいのか? を簡潔に!

私たちは米ぬかと微生物を使った洗剤をはじめ、〝衣〟〝食〟〝住〟〝美〟にまつわる商品の通販サイト「地球洗い隊」を運営しています。そのため、商品紹介など文章を作成することが多々あります。特に商品説明は、文章が長くなりすぎると途中で読むのをやめてしまわれる可能性があるので、**わかりやすさを第一に書く**ように心がけています。例えば、私たちの主力商品に「とれるNo.1」という洗剤があるのですが、「微生物の力で汚れを分解、米ぬかで手肌しっとり」という具合に、どの成分がどんな働きがあるのかを、端的に説明するようにしています。その文章で興味を持たせることで、さらに奥に読み進んでいってもらうイメージです。大事なのが、**口に出してリズムよく読めるかを確認すること**。リズムが悪いと頭に入りにくくなるため、口に出すことはかなり効果的ですよ。

小山田貴子さん

1973年生まれ。株式会社アップサイドが運営する通販サイト「地球洗い隊」店長。日本最大の癒しイベント「癒しフェア」で、布ナプキンコンシェルジュとして「生理痛のないカラダと布ナプキン」をテーマに講演を行うなど、活躍は多岐にわたる。2007年からオリジナルの布ナプキン「サニーデイズ」を開発している。

第7章

レイアウトを工夫して、読みやすくするコツ

なにを書くか、
どう書くかを
学んだあとは、やっぱり、
「どんなふうに見せるか」
ですよね。
文章のコツでは珍しい、
レイアウトの
お話をご紹介。

なんか『適度に改行して』って言われました。どこで、改行するの？

そんなときは……

結論や「さらに、付け加えたい！」と思ったタイミングで改行してみて！

before

この製品は、たった2回ハンドルをま
わすだけでミジン切りになる機能が
魅力です。さらに、ハンドルを反対に
まわすと、ミジン切りにした野菜をぜ
んぶ、容器に取り出せます。これはま
さに、調理の大革命です！

after

この製品は、たった2回ハンドルをま
わすだけでミジン切りになる機能が
魅力です。さらに、ハンドルを反対に
まわすと、ミジン切りにした野菜をぜ
んぶ、容器に取り出せます。

これはまさに、調理の大革命です！

さらに、付け加えたい！ と思ったら改行!!

A 製品の魅力1＋製品の魅力2 ―― 改行

さらに言いたい「まとめ」の決め台詞！

B 当社の歴史＋当社発展のきっかけ ―― 改行

さらに言いたい「苦労話」！

「言いたいこと」がまとまった時が改行のタイミングです。

読み手は、文章をかたまりごとに「言いたいこと」として理解しちゃいます。ということは、改行を入れずにダーっと書けば書くほど、意味を理解しづらい、むずかしい文章になります。
なので、「意味のかたまり」ごとに改行しましょう（改行してみました）。

第7章 65 文字色は3色で！

先輩の企画書を読むと、文字色変えてますね。
これ、何色ぐらい使えばいいんですか？

それはね……

ノーマルは「黒」。
ポイントは「赤」。
その他、図形や枠は
「オレンジ」でまとめて！

なるほど〜
ボリ
ボリ
POTATO
CHIPS

「企画書」は黒文字だけで作成しちゃうと、
黒一色でどうも読みにくい！　とはいえ、色数が多いのもダメ。
だいたい、3色、同じ系統の色でまとめちゃいましょう。

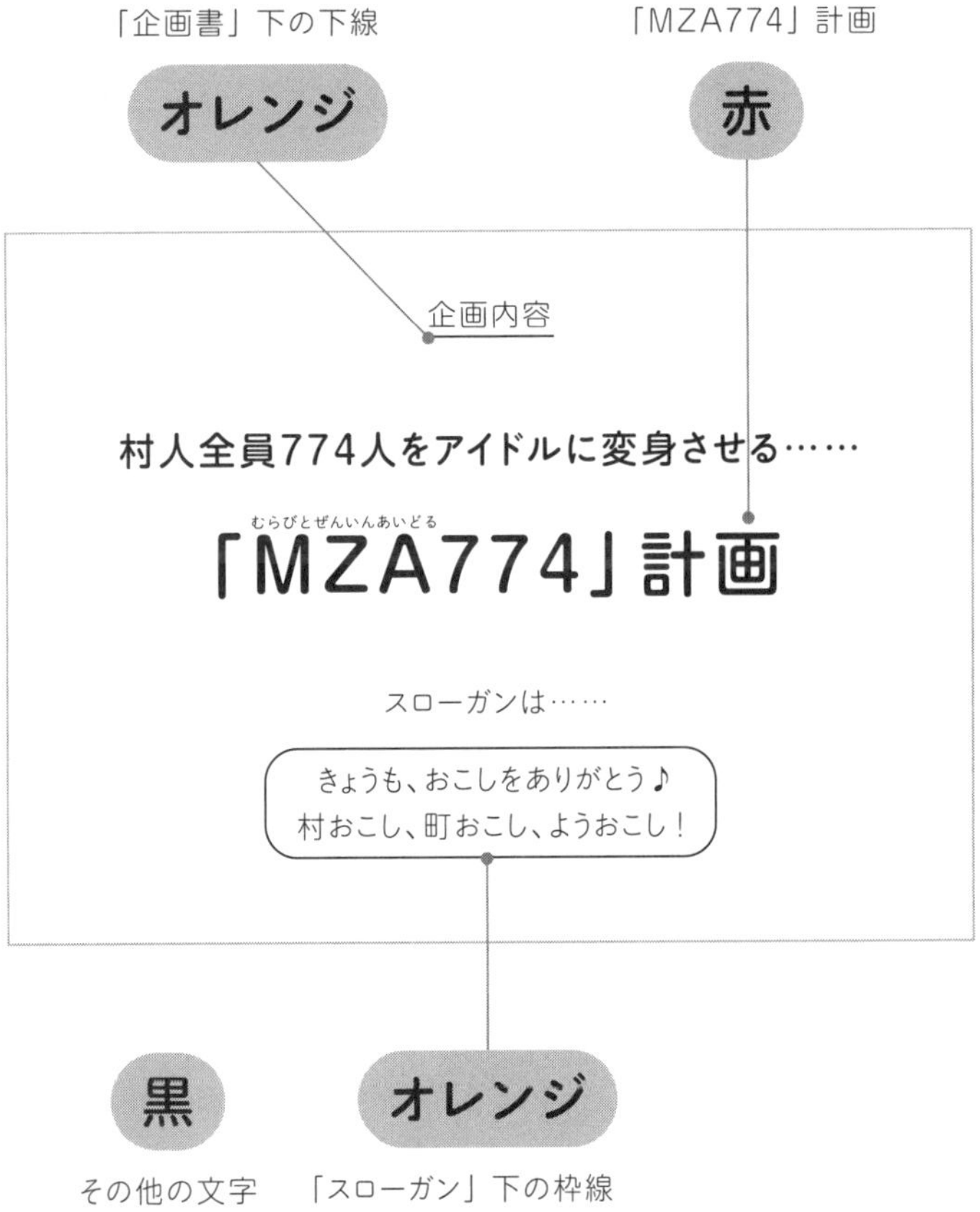

企画書の文字色は悩むところです。3色でまとめるのは基本ですが、「じゃあ、赤系や青系は気分で変えていいの？」と思いますよね。これも、パターンがあります。明るい楽しい企画なら暖色系。真剣でまじめな企画だったら青系やダーク系。ナチュラルなら「白抜き」文字をつかったシンプルな感じは、どう？

第7章 66 A4用紙1枚なら文章は3つに分ける

A4用紙1枚で読みやすいレイアウトってあるんですか？

改行を入れすぎるとスカスカになるから……

「なに、する？」↓「たとえば？」↓「具体的には？」の3ブロックで文章を分けたら？

A4用紙1枚でいうと3つぐらいの改行で十分!
「ビジョンは?」→「内容は?」→「具体策は?」の流れで。

事例文

ビジョンは?

当社が掲げるビジョンは、飲食業界でのトップを狙うのではなく、ライフスタイルそのものを変えることにあります。

内容は?

このビジョンを実現するためには、劇的な成長戦略が必要です。ひとつは、飲食業界を圧倒するシェア。つぎに、持続可能な社会へ寄与するサービスの提供。最後が、新たな食体験の開発です。

具体策は?

特に、新たな食体験では、最新鋭のテクノロジーを組み合わせ、食事の概念を覆すアプローチを計画しています。

これは、「小さな結論ごとに話を区切る」というコツです。別の言い方で言うと、話の規模感の「大→中→小」でもいいですし、「将来の目標→内容→実現するために」でもいいです。そういう区切り方をして、ブロックを3つ、つくってみてください!

見出しを付けるのはいいとしても……。
資料が文字ばっかで読みにくく！　どうすんの、これ？

ビジネス書によくあるように……

「見出し」と「本文」で
文字の大きさを変えて。
それか、スキマを
あけるかだなぁ。

比較：読みやすい本文と見出しのバランス!

CASE
1 見出しが本文の1.5倍の大きさに

業務負担が約2分の1に減少!

本サービスを導入した介護スタッフ様の
業務時間を調査。
サービス導入前と比較し、労働時間が約半分に！

見出しの大きさとしては適切。
見出しだけをさらりと読みたいときにも便利!

CASE
2 見出しと本文の間にスキマをあける

業務負担が約2分の1に減少!

本サービスを導入した介護スタッフ様の
業務時間を調査。
サービス導入前と比較し、労働時間が約半分に！

行間の調整ですこしスキマをあけるだけでも、
スッキリした印象で読みやすい。

このコツは、CASE1とCASE2で統一した方が読みやすくなります。1ページ目がCASE1なのに、2ページ目がCASE2になると、読み手が「なにか、意図があるのかな？」とか「なんか急に、レイアウトが変わって読みにくい」となってしまうので注意しましょう！

ねぇねぇ。ページごとのレイアウトはいいけど……
全体通すと読みづらい！

ページが増えるほど……

【タイトル＆見出し＆本文】の文字の大きさと、文字色は統一しましょうよ。

とくに、企画書を作成するときの基本です!
文字の大きさ&色にルールを設けましょう!

企画書のルールブック

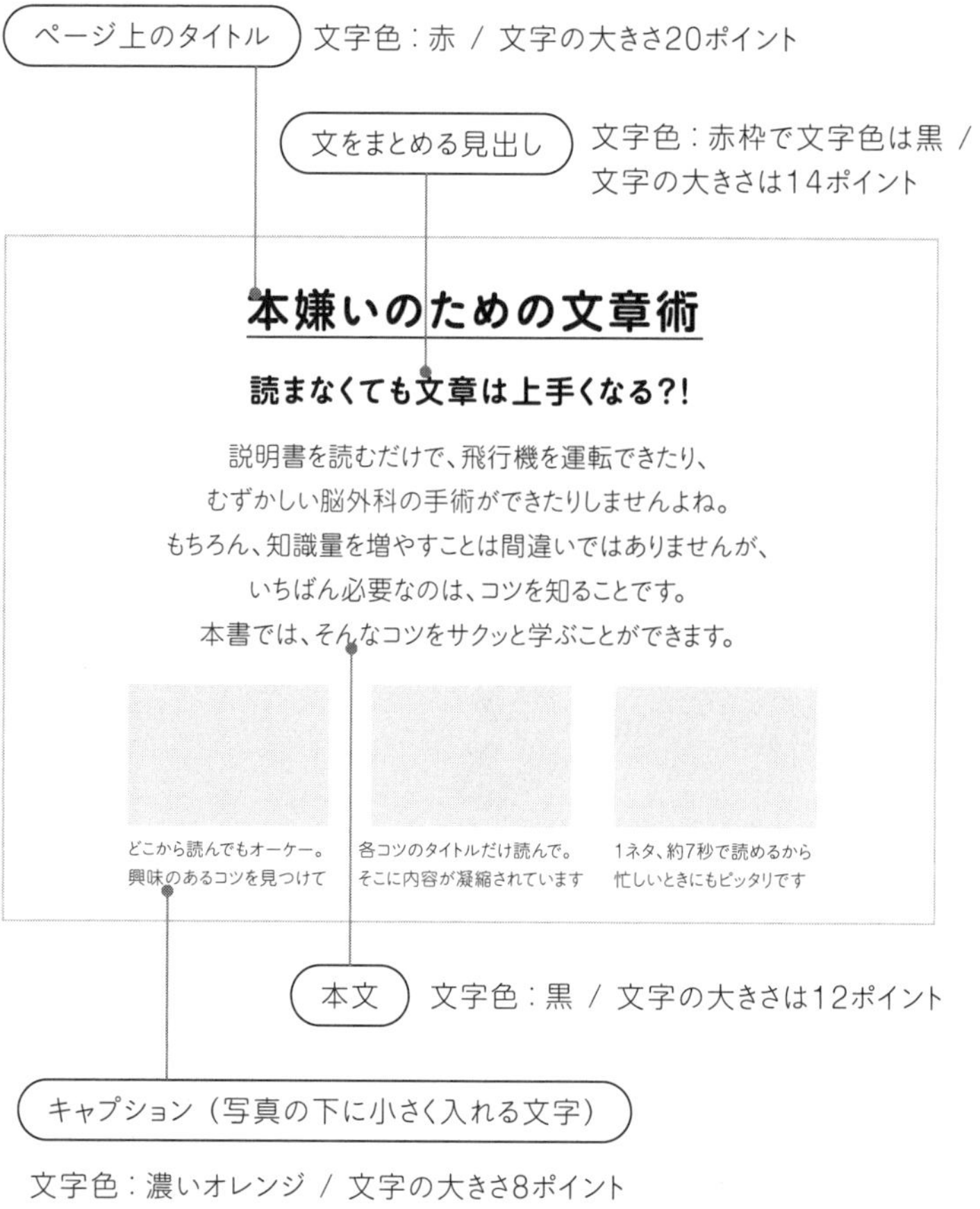

ページ上のタイトル
文字色：赤 / 文字の大きさ20ポイント
文をまとめる見出し
文字色：赤枠で文字色は黒 / 文字の大きさは14ポイント
本嫌いのための文章術
読まなくても文章は上手くなる?!
説明書を読むだけで、飛行機を運転できたり、
むずかしい脳外科の手術ができたりしませんよね。
もちろん、知識量を増やすことは間違いではありませんが、
いちばん必要なのは、コツを知ることです。
本書では、そんなコツをサクッと学ぶことができます。
どこから読んでもオーケー。
興味のあるコツを見つけて
各コツのタイトルだけ読んで。
そこに内容が凝縮されています
1ネタ、約7秒で読めるから
忙しいときにもピッタリです
本文
文字色：黒 / 文字の大きさは12ポイント
キャプション（写真の下に小さく入れる文字）
文字色：濃いオレンジ / 文字の大きさ8ポイント

読む人は、文章の内容だけではなく、「文字の大きさ」や「文字色」からも情報を受け取ります！「これがポイントかな？」「なにか説明する内容と関係あるのかな？」と考えるので、文字の大きさ&文字色は統一していきましょう。

第7章 69 年号・「」(かっこ)・単位の表記にルールを

ずっと悩んでるんですけど……『』って、いつ使うの?

そういう記号を使うときは……

固有名詞は『』で、会話は「」で表記する、みたいなルール作りをしてみれば!

カッコにも（ ）とか“ ”とか【 】もあります。
あと、年号や単位なんかもあるので、
表記ルールを決めましょう!

企画書のルールブック

年号	2024年／令和6年／24年
単位	km／キロメートル／キロ
単位2	kg／キログラム ／キロ
社名	株式会社田中／
	(株)田中／企業の田中
送り仮名	取り扱い／取扱／取扱い
送り仮名2	売り切れ／売切れ／売切
表記いろいろ	二酸化炭素／CO2／CO_2
カタカナ	アイデア／アイディア
日	○ヶ月／○ヵ月／○箇月
漢字	想う／思う

じゃあ、どういう表記が正しいってあるんですか？　ありません。出版業界では、『用事用語辞典』みたいなものがあって、それにしたがい表記ルールを決めることもあります。複数で執筆を担当するときは、ルールがあった方が最終的には便利ですよ！

営業資料なのに、なんでこんなにポップなの？
でも、なにが正しいフォントなの?!

フォントを選ぶときは……

カジュアルな文章を書くなら「ポップ体」。長文の文章を書くなら「明朝」かな。

フォント別の事例文

カジュアル！

事例1.研修旅行のお知らせ

みなさん、こんにちは。
待ちに待ったハワイでの研修旅行の日が
近付いてきました！

目に入りやすい！

事例2.プレスリリースのお知らせ

**長文となり恐縮ですが、今回、
代表取締役である私自身が
リリースを書かせていただきました。**

フォーマル！

事例3.ニュースリリースのお知らせ

自然環境保護の活動の一環として、
弊社ではより良い未来の架け橋となる
基金を創設しました。

書く内容に合わせてフォントを選ぼう！

ポップ体（まるい） →	軽快！
ゴシック体（ふとい） →	目に入りやすい！
明朝体（細い） →	フォーマル

手書きは気持ちを伝える時に！

フォント選びは重要です。ベーシックは、フォーマルなフォントですが、ちょっと文章に引っかかりを持たせたいときは、あえて、見慣れないフォントで書くというコツもあります。これは、私の友人の放送作家が企画書を通すときに使っているそうです。

さっき部長が『サクッと読めるボリュームで』って。
人、それぞれでしょ？

1分〜2分をサクッと読める基準だとしたら……

1ページに500文字ぐらいじゃない？

いやいや、500文字なんて埋まる？　書ける？
って、心配な人もいるでしょうが、
この3つのコツを掴めばカンタンですよ！

コツ
1 500文字を3つに分ける！

500文字を3つに分けると、1ブロックが約160文字ですよ。
SNSのXぐらい。書けそうでしょ？

コツ
2 「だれが、何して、どうしたの？」で考える

1ブロック目：
（誰）クライアントを　（何）獲得するために　（どう）新企画を作った。
2ブロック目：
（誰）私たちチームが　（何）海外メーカーと　（どう）協力した新製品。
みたいな流れで、文字を肉付けしていくだけ！

コツ
3 10文字×50行の設定で書いてみる

感覚的に文字をダーッと続けて書くのは途方もない感じがしてしまう。
だから、短い10文字×50行で書く方がサクサク書けたりします。

500文字でまとめるときに「要するに〜」を口に出してみてください。このレポートで、「要するに、なにを伝えたいのか」と考える。そこから、逆算しながら理屈、いや、理由をつければ、理論的な文章になりますよってに！

一生懸命書いて、改行もしたのに……
『長い！』って一言……。もう～！

そんなときは……

文章を
「前編・中編・後編」で分けて、
それぞれにタイトルを
付けてみたらいいじゃない。

事例文「我が社が取り組むSNSマーケティングについて」

前編 / SNSの市場分析

企業がどのようにSNSを活用しているのか。
業種、業界、個人と比べて何が違うのかを分析

中編 / 企業アカウントの成功事例

その市場の中で、成功している企業アカウントを紹介。
理由を詳細に書く

後編 / 当社のSNS活用について

市場と成功事例を受け、当社が取り組むべき施策とは？

前編・中編・後編で分ける方法!

分け方1 **時系列** 過去→現在→未来

分け方2 **重要度** 高い→中間→低い

分け方3 **論理展開** まずは→だから→こうしたい

さまざまな視点から文章構成を分けられますよ。

例えば、社内報の制作を任せられたとしますよね。1ページの文字量って、どれくらいで考えますか？　平均で400文字～600文字ぐらい。全体で3000文字ぐらいになりそうだったら3ページで、前編・中編・後編に分けるのが読みやすいですよ。

文字ばっかりで10ページ……。これ、読んでくれるんでしょうか？

そんなときは……

文章の合間に写真や図版を入れてみて。

じゃあ、キャプションにはどんな文章を入れたらいいの？
本文とは違う「文章の書き方」がありますよ！

説明に徹する

装置・機械の写真

一度で100キロ以上の衣類を洗える大型洗浄機。環境に配慮し、洗剤不使用でもキレイに洗い上がる

こぼれ話

微笑む社員たちが談笑している写真

お話を聞いたパイロットの木村さんの趣味はサーフィン。「海に触れると、空に憧れるんです」と話してくれた

コメントだけを書く

作業中の写真

「子どもたちが使うもの。抜かりなく徹底的に。それがモットーです」と、兼原さん

画像は、テキストがずーっと続いたタイミングで置くパターン。タイトルの下にドカンとおいて、読む人の関心を引くパターンなど、いろいろ。ページのギリギリまで文字がつまると、圧迫感があって読みづらいので、そこに配慮することが大切です。

「大阪ワンダーグループ」
会長の堀感治さんに
聞きました!

外国人の方々にも情報を伝えるには?

コロナ禍があけ、インバウンド需要がさらに高まる今。多くの外国人観光客に向けて、しっかりと情報を伝えるためにはどうすればいい?

絵を使ってもいい。曖昧な表現は避ける。

大阪一のインバウンド企業を目指して、観光バスやクルーズ船の運航、ガイドツアーの企画などを手がけています。対象が海外からのお客さまが中心なので、**日本人同士ならではの「当然、わかってもらえるはず!」という思い込みは厳禁**! ホームページでは情報がしっかり伝わるよう、曖昧な表現は避けるようにしています。クルーズ船の場合、「快適なクルーズをお楽しみいただけます」では何が快適なのかわからないですよね。そのため「椅子に肘おきが付いています」「トイレにウォシュレットがあります」など、なぜ快適なのかをしっかりと記載しています。そして、これは文章ではないのですが、ピクトグラムなど誰が見てもわかるような表示をちりばめること。要は、文章にしても何にしても相手に伝わらないと意味がないですから。写真や絵を使うことも選択肢のひとつだと思います。

堀 感治さん
1976年。大阪市生まれ。大阪市内を巡る「ワンダーループバス」をはじめ、BBQが楽しめる観光船「メリーグリーン」などインバウンド向け事業を展開。2022年には開催前の万博会場で日本最大の4万5千発の花火と800機のドローンが共演する「夢洲超花火」を手がけ、第9回JACEイベントアワード「特別賞」を受賞した。

第8章

退屈サヨナラ！惹きつける文章のコツ

どれだけ立派で、
ビジネス用語だらけの
文章を書いたって、
つまらないとダメダメ。
惹きつけて離さない
文章のコツを教えます。

プレゼン資料は『書き出しがすべてだ』って言われたんですが、どう書くの？

そんなときは……

いちばん打ち出したいところを短い文章で書いてみたら？

before

この企画は、御社が持つホスピタリティを高め、エンドユーザーに強くアプローチするための施策です。それでは、内容をご紹介しましょう。

↓

after

エンドユーザーが欲しいと思う商品をAI分析によりオススメ。探す時間を短縮し、ベストな商品を選択できます。その内容をご紹介しましょう。

ダイジェスト文を書くポイントは？

企画の魅力

提案先にいちばん響くところ

企画のココが言いたい

この要素を意識して書いてみて！

プレゼン資料もそうですし、社内報や営業資料も「書き出し」が大事。さいしょの一行を読んで興味がわかないとその先も読んでもらえません。読む人が共感する要素だけではなく、キーワードなんかも盛り込むという手もあります。

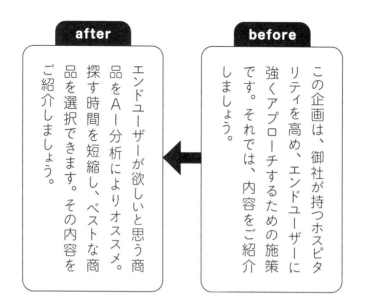

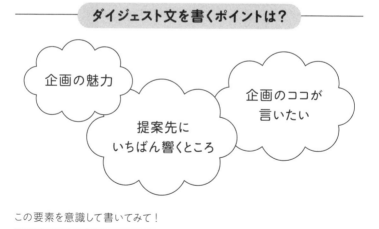

何度書き直しても『上っ面で面白くないよ』って。
なんで、なんで、なんで、なんで？

とくにレポートはそうだけど……

見たり聞いたりしたことを、リアルに細かく書いて！

なるほど〜
ボリ
ボリ
POTATO CHIPS

before

世界で活躍するAI業界の異端児、チョー・マンチェイさん。チョーさんは、取材時間ぴったりに車で登場し、私たちのインタビューに答えてくれました。

after

中国を基点に世界中で活躍するAI業界の異端児、チョー・マンチェイさん。チョーさんは、黒いアウディで颯爽と登場。私たちのインタビューに答えてくれました。

「リアルさ」を盛り込むために

見た目	素敵なスーツを着て	川久保玲のスーツを着て
音	心地よいメロディーが	オルゴールの音色が
におい	フルーティーな香り	リンゴのようなフルーティーな香り

「見た目」「音」「におい」を書いてみる。

リアリティーには、ほかの人からの評価を盛り込むという手もあります。例えば、「かれは物腰が柔らかく少年のような雰囲気で、女性社員にも人気があった」という一文。女性社員の評判を書くことでリアリティーが高まります。

せっかく、note書いたのに……。ぜんぜん、読まれないよー!

ターゲットをリサーチして……

「悩み」とか「考え方」とか「立場・職業」を意識して書いてみよう。

事例:採用に関する文章をnoteや会社HPに書く場合
ターゲットは……就職活動中の人たち。

before

会社目線

私たちの会社では、Webシステムの開発が主要サービスです。今、人気のエンジニアである特殊技能領域に関する業務を担当いただきます。

after

就活生目線

私たちの会社では、Webシステムの開発を通して、幅広い業界で求められる特殊技能領域に関するエンジニアのスキルを磨けます。

読み手を引きつけるリサーチとは

❶ 職業や平均年齢

❷ その分野に関する知識・認知度

❸ 考え方や悩みのパターン

❹ 文体や表現の好み

相手を知るための4要素!

『人間失格』という小説がありまして、あれを読んだ人の大半が「なんで、自分のことをこんなに知ってるの?」って思うんです。たぶん、作者の太宰治は徹底的に小説を読む人の趣味・趣向や行動を研究したんでしょうね。究極の「あるある小説」とも言えます。

そうそう。このサービスはそこが魅力なのよ。
でもなんか、面白くないよね？

人のこころが動くのは……

すごい機能の話じゃなくて、「そんなすごい機能、どう作ったの？」です。

before

新時代の電気自動車をめざし、環境性能がアップ。燃費はもちろん、排出する二酸化炭素量も半分以下に低減させられました。

after

新時代の電気自動車を作るため、開発チームが10年もの時間を費やしました。その間、のべ１００名をこえるメンバーが約１万以上ものアイデアを結集させ、環境性能をアップさせました。

「機能」ではなく「物語」を重視！

新たな挑戦

開発の苦労

メンバーとの衝突

社内からも反発の声

仕事に没頭して家族とは……

課題が山積

苦労話に読者は引き込まれる！

人の心が動くのは、「ほら、品質が良いでしょ?」ではなく「この品質を保つために、どれだけ苦労したのか」という部分です。プレスリリースなど、外部へメッセージを発信するときは、そちらの「物語」に比重を置いた方が読まれやすくなりますよ。

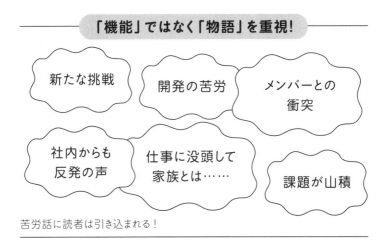

第8章 78 文法無視で面白く

しゃべったコメントって、どうやったら面白くまとめられる？

一度、文法を忘れて……

しゃべった通りにまとめてみれば？

before

そこにあるものを
取ってくれますか？
私が言ってること、
わかります？

↓

after

取ってよ、そこにあるの。
おれのやつね。
わかる？

文法や書き方の正しさを捨てる

A 「あれ」や「それ」を入れてみる

よかったね、昨日のあれ。食べるよ、それが終わったらね。

B 「言い方」を（かっこ）の中に書く

わたしは、ぜったいにやりません。ぜったいに（キッパリ！）

C 「倒置法」で書いてみる

大阪の西成に遊びに行きたいって、いつ言ったの、私。

スピード感やリアリティーで面白さが増す！

ふだんの会話をICレコーダーで録音して文章に起こしてみてください。話し言葉って、文法無視で「あれ・それ」も多いのに、不思議と意味は理解できますよね。だから、「読みやすさ」より「面白さ」を優先したいときは、忠実に書いてみるのがいいですよ。

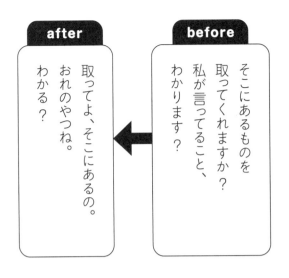

第8章 79 「ここだけの話」を入れる

ん〜。内容はその通りだけど……
なんか物足りない……なにが物足りないの？

物足りなさを感じたときは……

「ここだけの話……」みたいな希少価値のある情報を入れよう。

**「希少価値が高い情報」って、実は入手するのはむずかしい。
専門を極めることも大事ですが、
つねに下記のような方法でリサーチを重ねましょう。**

リサーチ ① SNS

鮮度の高い情報を入手するのに有効です。
その分野のインフルエンサーや、フォロワーが少なくても
コアな情報を持っていそうな人をフォローしよう。

リサーチ ② 企業サイト

本人はそうでもないけど、
他人が聞いたら「そうだったの？」って驚かれることってあるでしょ?
とくにBtoB系の企業はその宝庫。サイトをくまなく探ってみて。

リサーチ ③ 専門性の高い雑誌

コンビニや本屋で買えない専門誌ってたくさんあります。
冤罪、お坊さん、税金、野宿などなど、
その分野の専門誌にあたれば、希少な情報にタッチできます。

リサーチ ④ その道のプロにアプローチ

世間的に認知されている人にタダでお話を聞くのはハードルが高い。
だけど、フォロワーが数十人とか世間的に知られていない人なら……
コーヒー1杯で時間を作ってくれるはず！

「私だけが知っている、ここだけの話」って、普遍的な読ませる力があるんです。だから、そういう人たちを見つけてきて、インタビューをするのもひとつの方法かもしれません。そっちの方が、自分で理解しなくていいからラクですよ。

第8章 80 タイトルに違和感を持たせる

せっかく、社内報で新連載を始めたのに
誰も覚えてくれなくて……

読みやすさばかりを意識せず……

「ラジカル・ガジベリビンバ・システム」みたいなタイトルには、違和感が大事やで。

読みやすいけど印象が薄いタイトル

「仲間といっしょに歩む日々」

「社員たちのヒミツの趣味紹介」

「先輩、教えて!あなたのお仕事」

読みにくいけど印象に残るタイトル

「色彩をもたない仲間と巡礼の日々」

「ぼくは明日、きみの秘密とデートする」

「ルンルンを買って、あなたの仕事を語ろう」

違和感こそ、インパクト!

無限キャベツ

無限に食べ続けられる
キャベツ料理

闇落ちトマト

表面の一部が黒く
変色したトマト

大清快《だいせいかい》

東芝のエアコン

考えた人すごいわ

パン屋さんの名前

ヒットする名前は違和感だらけ。

違和感の中には「なんて、読めばいい?」というのも、戦略的に取り入れられています。韓流グループは特にすごい。「2NE1」はどうでしょう。正解は、トゥエニィワンです。「IZ*ONE」は……むずかしいでしょ? 答えは、奥付に書いておきます。

このメール、AIで返信したの？ 違う？
もっと気の利いた書き方……どうやって？

もしうっかりキャラなら……

「今回は、うっかりせずに済みました」だけで、場が和むよ。

気の利いた文章を書くのは至難の業です。
いちばんカンタンなのは、キャラを活用すること。
こんなキャラは、こういう文章でどうでしょう?

キャラを活用した事例文

ぽっちゃりキャラ

すばらしい資料
ありがとうございました。
心もお腹も満たされました。

サバサバしたキャラ

とっても感動しました。
いくらドライな私でも、
きょうだけは、じわっと
涙が流れそうでした。

忘れ物が多いキャラ

長い一日でしたが、
一生の思い出になりました。
この日のことだけは、
忘れないことでしょう!

眼鏡キャラ

ギリギリ、この不具合を
発見できてよかったです。
眼鏡があったので、しっかり
見ることができました。

気をつけてほしいのは、自分で言うのはオーケーだけど、他人をイジるのはNGです。本人は気にしているかもしれないから、そんなことで場が和んでも恨まれるだけです。自分がどんなふうに見られているのか。それを知れば、気の利いた一言を書けるんじゃないかなー!

飲食業界のことがしっかりまとまってる。偉い。
でも、印象に残らないね。なんで？

あんまり人が知らない……
マニアックな情報を取り入れると印象に残る文章になるよ。

before

音楽業界は数年前から大転換期に突入しています。音楽を聴くシチュエーションが変わる中で、私たち送り手側にも意識の変化が大切です。

after

音楽業界は数年前から大転換期に突入しています。かつて、アンビエント・ミュージックの名盤、マニュエル・ゲッチングの『E2-E4』の発売により、音楽業界の市場は拡大しました。私たち送り手側にも、それくらいインパクトのある変化が大切です。

業界ごとにこんなマニアックな情報を!

飲食業界なら→伝説的な中国のお酒「満殿香酒」の話

IT業界なら→アップル共同創業者が発明した究極のアナログゲームの話

自動車業界なら→インドの名車「アンバサダー」の話

人材派遣業界なら→伊賀忍者の過酷な修業の話

「誰も知らないだろうな」が大事です。

マニアックな情報を入れたら読者が離れない？　と思われるでしょうが、その逆です。知ってる人は「お、わかってるな」となって引きつけるし、知らない人は未知の情報にふれて、想像力がかき立てられます。だから、どんどんマニアな情報を入れましょう。

第8章 ⓼⓷ 「語りかけ」で期待をあおる

文章が長いからですか？
集中力が続かず最後まで読めないって言われて……

最後まで面白く読ませるには……

スピーチ原稿を書くようなイメージで「語りかけ」文章を書いてみて。

before

新商品「潤いドライヤー」をご紹介します。効率よく風を対流させるから、髪が驚くほど速く乾く。また、潤い効果ミストもいっしょに照射され、髪の美容にも効果があります。

after

さぁ、きょうからお風呂上がりが楽しい時間に変わります。この「潤いドライヤー」を使えば、髪を乾かす時間が短縮でき、さらには潤い効果のミストが出て、髪の美容にもなるんです。

「語りかけ」るような文章をイメージ！

誰かひとりをイメージして書く → **具体的な内容に**

人に説明する時のように書く → **伝わる内容に**

実際に会話しながら書く → **生き生きとした内容に**

生き生きと具体的に伝えましょう。

スピーチなんてしたことはない？　新入社員さんなら、ほとんどそうでしょう。じゃあ、歓迎会での自己紹介をイメージしてください。「名前」「自分の性格・特技・好きなこと」「まとめ」で構成。このとき、参加するメンバーが興味を持ってくれそうなネタを入れるのが大事ですよ！それが、ポイントです。

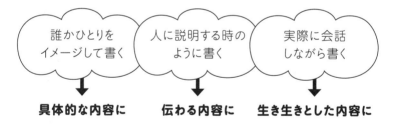

まさに正論！　この通り！　でも、本当につまんない。なんで？

つまらなくしているのは……

常識のまま書いているから。いっそのこと、非常識を書いちゃえ！

before

年齢を重ねるほど体調管理が重要です。とくに、体重増加はさまざまな疾患の原因となるため、ダイエットを意識した食事や運動を取り入れましょう。

after

ダイエットは健康によくありません。すぐに、やめてください。ダイエットを意識すると、ストレスやリバウンドの原因になります。意識せず、自然な形で健康的な食事や運動を心掛けることが大切です。

真理や常識とは反対の文章を書くコツ

展開1

思いっきり「反対」の意見を書く!

「ダイエットは健康に悪い」「運動は長寿の敵」「ブラックな環境こそ、成長の力になる」など、社会の常識と反対のことをズバッと。

展開2

常識の矛盾や問題点をつく!

「ダイエットを意識するとストレス」「運動より体力づくりを意識」など、常識の中の矛盾や問題点をつきましょう。

展開3

納得の「オチ」を用意する!

「ダイエットという言葉がいけない。日常生活に自然と取り入れるものです」など、最後に共感を得られる納得のオチを用意しましょう。

書き方の流れはこんな感じです。

反対の意見と思わせて、実は「納得!」という流れを意識してね!　本当に非常識な意見は、炎上の原因になりますから。

「株式会社アステージ」
上辻 瑞穂さんに
聞きました！

メールでの返信を促すための書き方は？

メールで依頼事項や確認事項を伝えたいが、返信がこないことも多くある。どうすれば、返信してもらえるようにわかりやすく伝えられる？

箇条書きでナンバリングがおすすめ！

旅行会社に添乗員を派遣していますが、添乗員に仕事を依頼するためのスケジュール確認や旅行内容の伝達など、ほとんどがメールでのやりとりです。添乗員の方は経験も年齢もバラバラ。メールに慣れていない年配の方も多いため、わかりやすい文章を心がけていますが、それでも返信がないことも多くあります。そこで気を付けているのが、必ず確認して欲しいことや返信して欲しいことは、箇条書きにして番号を打つようにしています。**「1、は必ず返信してください」「2、は確認だけしてもらえれば大丈夫です」**などお願いしたい内容を先に記載。そのあとに「1、○月○日のスケジュールを教えてください」など、ナンバリングした具体的な内容を伝えます。そうするとその番号に対して返信がくるので、私にとってもわかりやすく、スムーズに話がまとまりますよ。

上辻瑞穂さん

1975年生まれ。大阪・豊中市出身。医療機関に従事している際に、患者から旅行での楽しかった思い出を聞くことが多く、「病気を治して旅行で楽しい気持ちになって欲しい」と添乗員に転身。約3年の添乗員を経て株式会社アステージに入社。現在は旅行会社と添乗員の橋渡し役として、多くの人の旅の楽しみを陰から支えている。

第9章

SNSで共感させる基礎文章のコツ

SNSは
共感のメディアだと
言われますよね。
じゃあ、共感をよぶ
文章って、なんでしょうか。
奥が深い
SNS文章の基礎を
きっちり押さえました！

毎日何本も投稿してるのに、
ぜんぜんフォロワーが伸びない。なんで？

みんな広告が大嫌いだから……

企業アカウントとはいえ、自然な「つぶやき」を意識してみて。

before

「新しい一歩を踏み出し、自分らしい魅力を伝える」。就職活動がスタートしました。あなたの価値を知る企業と巡り会えることを願っています。#就活 #新たな挑戦

after

就職活動がスタート！私にもそんな時代がありました。慌てて、黒髪に戻したあの日のことを……。自分らしさに合う企業と巡り会えたらいいですね。#就活 #新たな挑戦

SNSは親しみやすい文章が基本！

書き出しはカジュアルに！

友達に話しかけるように
「それにしてもあれですねー」みたいな
書き出しもアリかも。

マジメよりお茶目に！

みんな宣伝が大嫌い。
暇つぶしで読む人が大半。
マジメよりお茶目の方が好かれます。

内容はリアルに！

理想は、
あなたにしか書けない
経験や体験を書くこと。

みんなに好かれそうな文章を心掛けて。

「企業アカウント」というだけで、かなり大きな「フリ」がきいています。「株式会社○□△創業70年」のSNSアカウントが、キャピキャピしてたら、それだけで大バズリです。親しみ、愛嬌、茶目っ気が大事です。

SNSは共感が大事って言いますが……140文字ぐらいで伝えられる？

そんなときは……

「外資系の若手営業職！」とか「タワマン住み！」みたいなキャラ付けを明確に打ち出して。

なるほど〜
ボリ
ボリ
POTATO CHIPS

キャラクター性を全面に押し出して SNS投稿するときのメリットはコチラ

キャラ設定

外資系金融会社勤務の若手営業職。
「通勤時間がもったいない！」を理由に
現在は、職場から徒歩1分のタワマン住み。
趣味は、海外旅行とフィルムカメラ。

プレゼン前夜の投稿の場合

大きなプレゼン前夜。
緊張と期待が入り混じり、なかなか寝付けない。
でもこれが成長の瞬間だと思って前向きに。
最後の準備、ジムへ行って気合い入れていきます！

ポイント

1. 多少、硬い内容でも違和感なく受け入れられる！
どっちかと言うと、応援したくなる！
2. 「大きなプレゼン」「夜中のジム」を疑う人も……。
でも、この経歴なら信ぴょう性◎
3. 自己啓発っぽい内容は毛嫌いされがちだけど、
キャラ設定のおかげで共感を得られる！

キャラ設定といっても、あまりにもかけ離れた内容は無理が出てしまうもの。自分の職業、年齢、家族構成、役割、今の悩み、目標なんかも、キャラ設定の大事の要素です。真実の種から、漫画の登場人物みたいな魅力的なキャラをつくってみよう。

先輩から「ずっとマジメな内容だから、笑いを入れて」って。
芸人じゃないんだから

文章だけだとむずかしいから……

写真をフリにつかって、文章でおとすっていうテクニックもあるよ。

before

1投稿目

本日で7日間にわたる、就職イベントが終了しました〜！お疲れ様の打ち上げということで、あの超高級創作料理店「TONTON」の横のデニーズでカンパイです。次回は、TONTONに行きたいですね（笑）

after

1投稿目

本日で7日間にわたる、就職イベントが終了しました〜！お疲れ様の打ち上げということで、なんと
……あの超高級創作料理店
「TONTON」の……

2投稿目

横のデニーズでカンパイです。次回は、TONTONに行きたいですね（笑）

写真をフリにするポイント

パターン1 → その写真を見た人が「え、ウソ?!」という驚きをよぶ写真を。事実との落差でほっこりします

パターン2 → 「これは、なに？」「なんで、こうなってるの？」という謎も引きがあります。謎解きのオチが面白ければバズり間違いなし。

パターン3 → 「素敵な人とデート」「あの注目の場所に」など、誰もが羨むような「思わせ」写真もアリです。文章の「実はこうでした〜」でツッコミをもらえます。

「驚き」「謎」「思わせ」がコツです。

別の言い方をすると、写真を活用し良い意味で「誤解をさせる」ことが大切です。読む人に「そうなの？　なんでそうなってるの？」と思わせて、文章でおとす！　それで、ちょっとだけいつもの投稿内容と変わりますよ。

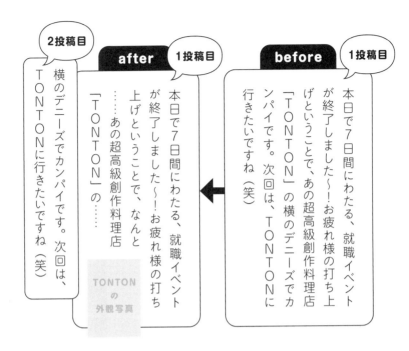

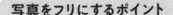

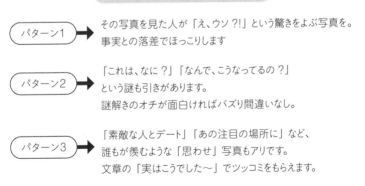

テーマはウケそうなのに……。

ぜんぜん、バズってないよね？　なにがイケない?!

関心の高いテーマほど……

オモシロ投稿が山のようにあるからニッチなテーマの方がいいよ！

before

月に一度のお楽しみ、きょうは社外勉強会！　会社の同僚を誘って近くの映画館で観たのは……『鬼滅の刃』の最新作！　大画面で観るバトルシーンは圧巻でした。

↓

after

月に一度のお楽しみ、きょうは社外勉強会！　会社から少し離れた名画座で観たのは、『ゆきゆきて、神軍』のリバイバル上映！　大画面で見る奥崎謙三は圧巻でした。

ポイントは、たった一人の読者に書くこと！

- ハリウッド映画
- 大劇場の演劇
- 話題のダイエット
- 人気の俳優

- 古いカルト映画
- 小劇場での芝居
- 珍ダイエット方法
- ある分野で話題の俳優

こちらの方が、バズる可能性大！

ニッチであればあるほど、読者に突き刺さる！

人気女優のように「きょうも眠いですね」と投稿するだけで注目が集まるアカウントでなければ、めざすは「その道のプロ」です。そのジャンルで関心を高めれば、隣にあるジャンルの人が関心を持って読んでくれる。それを繰り返すと、大バズりは起きます！

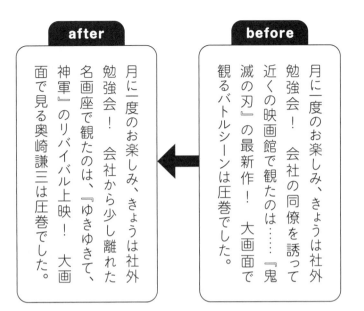

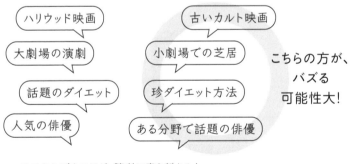

これ、炎上してない? なんで、なんで?!
注目じゃなくて攻撃されてない?

悪目立ちしたのは……

コロコロ変わるSNSの空気をちゃんと把握できてないからですよ。

SNSは世の中の空気を敏感に反映します。
その空気を察知するためには、
以下のポイントに気をつけましょう。

チェック
1 大きな事件や事故があった日

世の中が「深刻な空気」に包まれているときに、
自社の宣伝は禁物！

チェック
2 有名人のハラスメントに関するスキャンダルがあった日

「男女の問題」が話題になっているときに、
美容&ダイエット&恋愛の話題は控えて！

チェック
3 大企業の不正が発覚した日

企業の信ぴょう性が問われているときに
「考察」「意見」を述べるのはダメ！
「それ、ほんと？」と突っ込まれる可能性大！

チェック
4 選挙・国家的行事がある日

国民の関心事が集中しているときに、
自社だけの内容投稿はNG！
もし投稿するなら、それらの話題に関連したものが好ましい。

SNSの空気は人との関係性よりさらに敏感。想像もしない方向から批判の声が届くことも、しばしばあります。さいしょは、自社で運営するアカウントと似ているアカウントを探し、その人の投稿をマネながら覚えていくのが賢明です！

「朝から経済のお勉強です！」と投稿したら『うるせぇ！』って叱られて……。なんで、批判されたの？

それはきっと……

投稿する時間帯に合った内容じゃなかったから！

通勤時間帯に投稿する場合。ふさわしい投稿内容とは?

事例1. スキマ時間にお勉強です!

おはようございます！　まだまだ眠いですね。では、頭をシャッキとさせる「朝からマネー講座」です。個人事業主で最も得をする年収はいくらでしょう？答えはコチラ→（URLへ飛ぶ）

事例2. 朝のリラックスタイム!

おはようございます！　通勤するだけでも疲れますよね？　そんな皆さんのために、朝の通勤時間にできるリラックス方法をご紹介。それは、目を閉じる「瞑想」です。くわしくはコチラ→（URLに飛ぶ）

時間帯→生活リズムを想像する!

朝 通勤＆通学でしんどい＆イライラ
頭がスッキリ＆シャキっとする内容を!

昼 ランチ＆午後も仕事＆もう一踏ん張り
活力があふれる＆ランチタイムが充実する内容を!

夜 帰宅でウキウキ＆夜のリラックス
ディナー＆良い眠り＆お部屋時間が豊かになる内容を!

大きく「朝・昼・晩」で投稿内容はこう変わる

朝はスッキリ、昼は活力、夜はリラックスがポイントです！

一本ごとの投稿はいいけど、なんか筋道が見えない。どうするか？　わかんないよ！

そんなときは……

投稿を連結させることでひとつのストーリーを作れますよ！

SNSのエックスには投稿を連結させる
「スレッド」機能というのがあります。
これを使えば、1ポストでは伝えられない
ドラマチックな内容を投稿できます。

ポスト
1
製品紹介
製品のスペックや仕様、概要について写真を交えて投稿。
ポスト
2
開発者の声
この製品を開発した技術者たちのインタビュー写真を投稿。端的に「開発秘話」をまとめます。
ポスト
3
開発のプロセス
製品開発のプロセス、苦労した点を投稿。現場の写真を交えながら臨場感を高めます。
ポスト
4
完成した製品と今後
ポスト1とは別の製品写真を投稿。今後の展開を開発チームの担当者がコメントし、まとめ。

企業アカウントに必要なのは、ファンをつくることです。1投稿では伝えきれない「ドラマ」「情熱」も、投稿を連結させることで、より深く伝わるようになります。ひとつながりのストーリーにまとめるポイントは……4コマ漫画の起承転結を意識してみてくださいね〜!

投稿内容も、投稿時間もいい。
でも、フォロワーが伸びない。どうすればいい？

投稿ばかりに気を取られず……

投稿アカウントのプロフィールを見直してみて！

企業アカウントとはいえ、投稿しているのは「人」です。
体温や性格が伝わるからこそ、愛着が生まれます。

よくある企業アカウントのプロフィール

革新的なITソリューションを創造し、お客さまの未来を築くパートナーをめざします。クリエイティブ×テクノロジーの融合を追求する株式会社未来堂です。投稿は、広報のひなちゃんが担当します。

愛着を持ってもらえそうなプロフィール

革新的なITソリューションを創造し、お客さまの未来を築くパートナーをめざします。クリエイティブ×テクノロジーの融合を追求する株式会社未来堂です。投稿は、広報のひなちゃん（弱点は、お腹を壊しやすい&緊張しい）が担当します。

「弱み」が最大の愛着に

東京大学卒業 **<** 大学時代、地元の和菓子ガールに選ばれる

アカウントチームリーダー **<** リーダーを担当（いつも後輩に叱られる）

趣味は読書 **<** 趣味は読書（愛読書は赤川次郎）

「ちゃんと」より「ちょっと崩れた」感じが◎

亡くなった歌手の谷村新司さんは、日本屈指のビニ本コレクターとしても有名でした。プロフィールにすると……「1978年、日本人アーティストとして初めて日本武道館3日間公演を成功。終演後、人手不足を理由にエロ本屋で店番に立つ」……なんとも親近感がわきます！

この投稿内容さ、なんか読んだことある。こっちも！
これ、バズらないでしょ？

はい。読んだことある投稿よりも……

このアカウントでしか読めない「体験」がバズを引き寄せます！

before

本日は、会社の研修会でブランディングマスターのセミナーに参加しました。企業価値の高め方、ファンづくり、ブランディングの基本について徹底して指導いただきました。今後もよりいっそう、SNSを強化しようという思いになりました！

after

本日は、会社の研修会でブランディングマスターのセミナーに参加しました。同席した他社の広報部の方が「ブランディングの考え方が180度変わりました！」とおっしゃっていて、私も同じ思いに！より、SNSを強化しようという思いになりました！

「情報」よりも「体験」がバズを呼ぶポイント

人との出会い

どんな会話をした？
なにを聞いた？
どんな人だった？

見た

どんなふうに思った？
他とどう違う？
なにがすごかった？

聞いた

誰がなにを言ってた？
周囲の反応は？
どんな意見が多かった？

人との出会い、見た・聞いた感想が「ここだけの情報」です。

会社の研修やセミナーや勉強会での学び、または、出会った人々との会話。そうした自身の体験や信頼できるソースから得たレアな情報に、自身の目を通した印象を添えると、投稿に説得力が増しますよ！

「株式会社PRリンク」
代表取締役の神崎英徳さんに
聞きました！

プレスリリースを作成するポイントは？

プレスリリースを作成するにあたって、なにをどのように伝えるのか。山のようにプレスリリースが届く、メディアに関心を持ってもらうには？

「新規性」「社会性」「独自性」がカギ

弊社は、中小企業やＮＰＯの広報活動のサポートをはじめ、社会の課題解決につながる商品・サービスなどを企画しています。広報活動の一環としてプレスリリースを作成することが多いのですが、その際に意識しているのが、メディアからの関心が高い「新規性」「社会性」「独自性」です。新規性は文字通り何が新しいのかを明確に書くこと。もちろん「ただ新しくて良い」だけではダメなので、その新しいものがどう社会に影響するのかを記載することが大切です。想いを押し付けるだけでは、受け止める側には伝わりません。**「何故それをやるのか」という背景や根拠を示す社会性をしっかりと表現**します。そして最後に、独自性です。社会性のあるものを、どのように独自に展開するのか。この3つを軸に、メディアが知りたいと思うストーリーを作ることを心がけています。

神崎英徳さん

大手住宅設備メーカーでの勤務を経て、2008年1月にPRリンクを設立。「社会性」のストーリーを磨いて発信する独自の手法で、中小企業の社会的価値向上をサポートしている。2020年9月からは、コミュニティ型広報勉強会「みんなで広報会議」をスタートさせている。

第10章

裏付け絶対！リサーチのコツ

正しく書いた。
面白く書いた。
リズミカルに書いた。
でも、まったく
情報がデタラメで
怒られた。
そうならないための
リサーチ術を大放出です。

資料を出したら、まわりの人たちから『根拠は?』って突っ込まれて……。

そんなときは……

大手メディアの記事を引用しよう。

大手メディアの取材力は他のメディアの群を抜いています。
ということは、立派な根拠ある情報とも言えます。
どのメディアを活用すればよいかご紹介しましょう。

大手新聞4大紙

朝日新聞
読売新聞
日本経済新聞
毎日新聞

紙の新聞はもちろん、
Web限定記事も
チェックしてみましょう。

地方のブロック紙

北海道新聞
中日新聞
西日本新聞
河北新報
中国新聞

地方紙は地元ならではの
コアな情報も
掲載されています。

過去の記事を読みたいときは？

朝日新聞クロスサーチ（有料）

1879年の創刊から現在まで約140年にわたる紙面から
約1600万件の記事や広告を閲覧可能！

読売新聞ヨミダス（有料）

明治から令和までの記事を幅広く網羅。
年間30万件のペースで記事が増加中！

「新聞に掲載されているからって本当に根拠になるの？」と心配に思う人もいるでしょう。安心してください。年配の人ほど、企業の偉い人ほど、新聞が大好きなので、「○○新聞によりますと～」と付け加えれば、一瞬で信頼を得られることでしょう。

どこを探しても、TikTokの
専門家が見つからないんですが、どうすれば？

書籍やネットに情報が無ければ……

思い切って専門家や識者に話を聞いてみたら？

新しい情報であればあるほど、
それに関連した情報は手に入れにくいもの。
そんなときは、専門家&識者に聞いてみましょう。

TikTokに関する情報

↓

SNSのマーケター、インフルエンサー、
Web制作会社代表など

Chat GPTに関する情報

↓

AIを研究する大学教授、
科学専門雑誌の編集者、IT系ライターなど

アクスタに関する情報

↓

アクスタの販売業者、プロダクトデザイナー、
トレンドウォッチャーなど

に、聞いてみる!

「専門家や識者に聞く」ことにハードルの高さを感じるかもしれませんが、真摯に質問すれば、SNSのDMでもブログのコメントでも意外と回答してくれるものです。または、講演会を聞きに行って、終了後にアタックするのもひとつの手ですよ。

街の歴史、調べてくれた？　え？
有名じゃないから資料がない？　どうしよう……。

そんなときは……

膨大な雑誌や書籍が所蔵されている国会図書館や大宅壮一文庫に行こうよ！

本屋さんやネットばかりに情報があるワケではありません。
膨大な本を所蔵する国会図書館や、
雑誌専門の図書館を活用すると、新たな情報が手に入りますよ。

国立国会図書館

↓

国内で出版されたすべての出版物を収集・保存する
日本最大規模の図書館。
ここにない本はない！　というぐらい
古今東西、膨大な量の本がアーカイブされています。

公益財団法人大宅壮一文庫（有料）

↓

明治時代以降の雑誌を約1万種類以上も収蔵する
雑誌専門の図書館。
書籍化はされていない、ディープな情報や
専門家のインタビューや論文なども閲覧できます。

自然災害情報室

↓

国立研究開発法人防災科学技術研究所内にある、
日本最大規模の防災関連資料などを所蔵しています。
映像資料も豊富で、
日本の災害・防災の歴史をたっぷりと学習できます。

資料を調べるために新幹線に乗るのは避けたい！　できればリーズナブルに情報を調べ上げたい！　そういう方にピッタリなのが、古本です。古書店の蔵書リストを横断的に検索できる「日本の古本屋」を活用すれば、街の本屋さんにはない書籍と出会えるかも！

第10章 97 SNSの反響は「いいね÷閲覧回数」で

閲覧回数が多い投稿を連発してるのに……。
全然、フォロワーが伸びない。なんで？

そんなときは……

「いいねの数」を閲覧回数で割ってエンゲージメント率を出して！

SNSでフォロワーを増やす投稿は、
閲覧回数の多さではなく「いいね」と「返信」の数です。
閲覧回数にまどわされず、反響の高い投稿を分析しましょう。

閲覧回数は重視しない!

投稿の閲覧回数（インプレッション数）＝通りすがりのユーザーが反応

偶然、話題となっているキーワードが含まれていたり、
何気ない文章がバズって、
数十万以上のインプレッション数を獲得することがあります。
でもこれは、通りすがりの人気です。

エンゲージメント率をみる!

「いいね」「返信」÷閲覧回数の割合＝見込み客の反応

（A）閲覧回数が2500回、いいね数が100の場合。
エンゲージメント率は「4」。
（B）閲覧回数が6000回、いいね数が100の場合。
エンゲージメント率は「1.6」。
ということは、（A）の方向で投稿することで
フォロワー数の獲得を見込めます。

SNSでの投稿内容も数撃ちゃ当たるじゃ、しんどいばかり。成果があがる投稿をするには、しっかりと分析することが重要ですよ！

え？ 専門じゃないから資料を作れない？
私も詳しくないよ……。どうする？

専門知識が足りないなら……

その分野の専門メディアを見つけよう！

あまり知られていませんが、
どんなニッチな業界にも専門メディアがあったりします。
例えば、こんなメディアも……ぜひご活用を!

医学に関して調べるなら……

メディカルオンライン

医学の文献、医薬品、医療機器、医療に関連するサービス情報を網羅!医師や薬剤師が活用する本格的なメディアで、読み解くには多少の知識は必要かも?!

飲食業界を調べるなら……

フーズチャネル

飲食・宿泊業界の「今」がわかる業界専門メディア。経営ノウハウから業界のトレンド、セミナーや法令に関することまで幅広い情報を見つけられます。

最新のITについて調べるなら……

TECH+

ITを中心に明日のビジネスにつながる最新ニュースや専門性の高い記事を紹介。デザインも洗練され、文章も読みやすいので、業界初心者でもなじみやすい!

AIについて調べるなら……

AINOW

日本最大級のAI専門メディアを標ぼうし、人口知能に関するニュースを紹介。難解な専門記事も多いため、イベントレポートやインタビューから徐々に学ぶのがいいかも!

業界じゃなくて「特定の人物・企業」について知りたいときは、どうするか?　ネットで「名前+インタビュー」で検索してみてください。インタビュー記事は、第三者がまとめているので、専門外の人が読んでも、ある程度はその情報のベースをつかめると思いますよ!

専門家に話を聞く？
なにをどうやって話を聞けばいいんですか？　ねぇ?!

ちょっとむずかしく思うけど……

「こんな答えがほしいな」をイメージして質問すれば、だいたいうまくいくよ！

業界の明るいニュースを答えてほしいとき

Q.まだまだ課題も多い中で、
明るい話題や出来事には何がありますか？

個人的なエピソードを交えて語ってほしいとき

Q.ご自身の思い出に、
そうした出来事を象徴するエピソードはありますか？

世間の認識と反対の意見を語ってほしいとき

Q.世間一般では「○○○」というイメージがあります。
これの何が問題でしょうか？

質問は「ぶつける」んじゃなく「いざなう」

言ってほしい意見と質問をまぜるのがポイント！

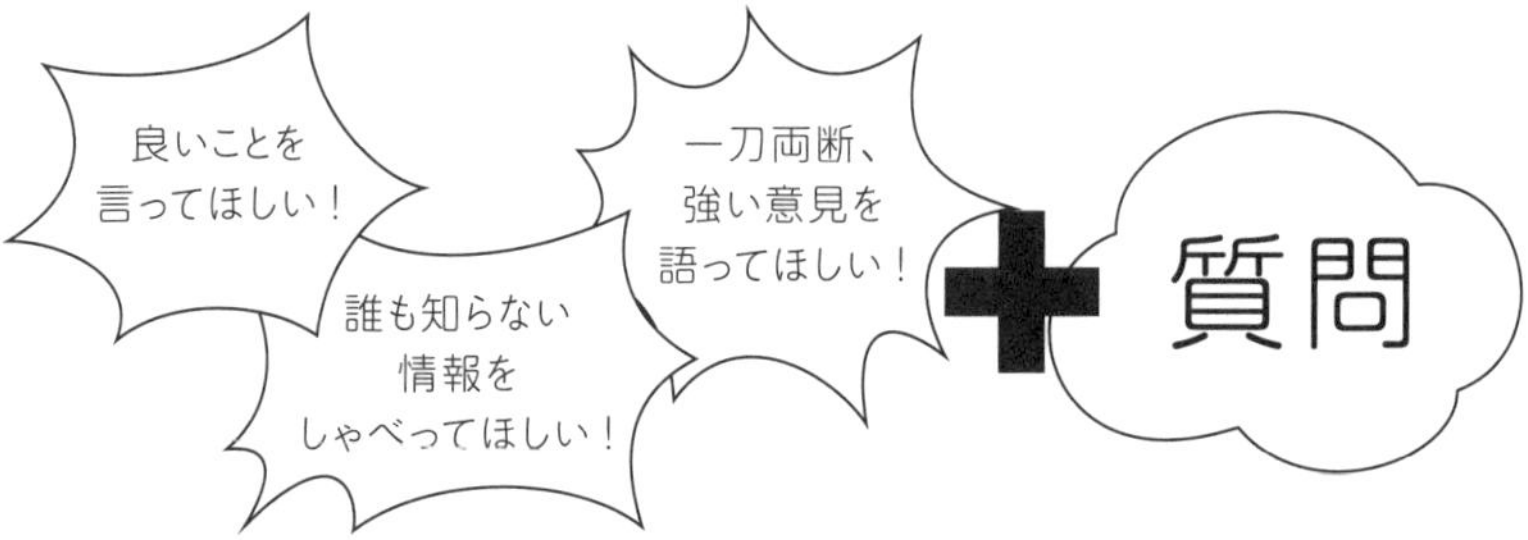
良いことを
言ってほしい！
一刀両断、
強い意見を
語ってほしい！
誰も知らない
情報を
しゃべってほしい！
質問

こっちの考えを相手に知ってもらうことが大事！

質問内容だけを数多く用意しても、話があっちやこっちに飛んで、あとからまとめるのは大変！だから、「答えてほしい」ことを決めたら、それを誘導できる質問をいくつか用意するのが良いですよ！

資料にある出典元が個人ブログって……。
信頼できるメディアを……どうやって探す？

そんなときは……

事典・年鑑がトップの信頼性！
インターネットは気をつけて!!

信頼できる資料の順番はこちら!
手に入りにくいほど信頼度が高いんです。

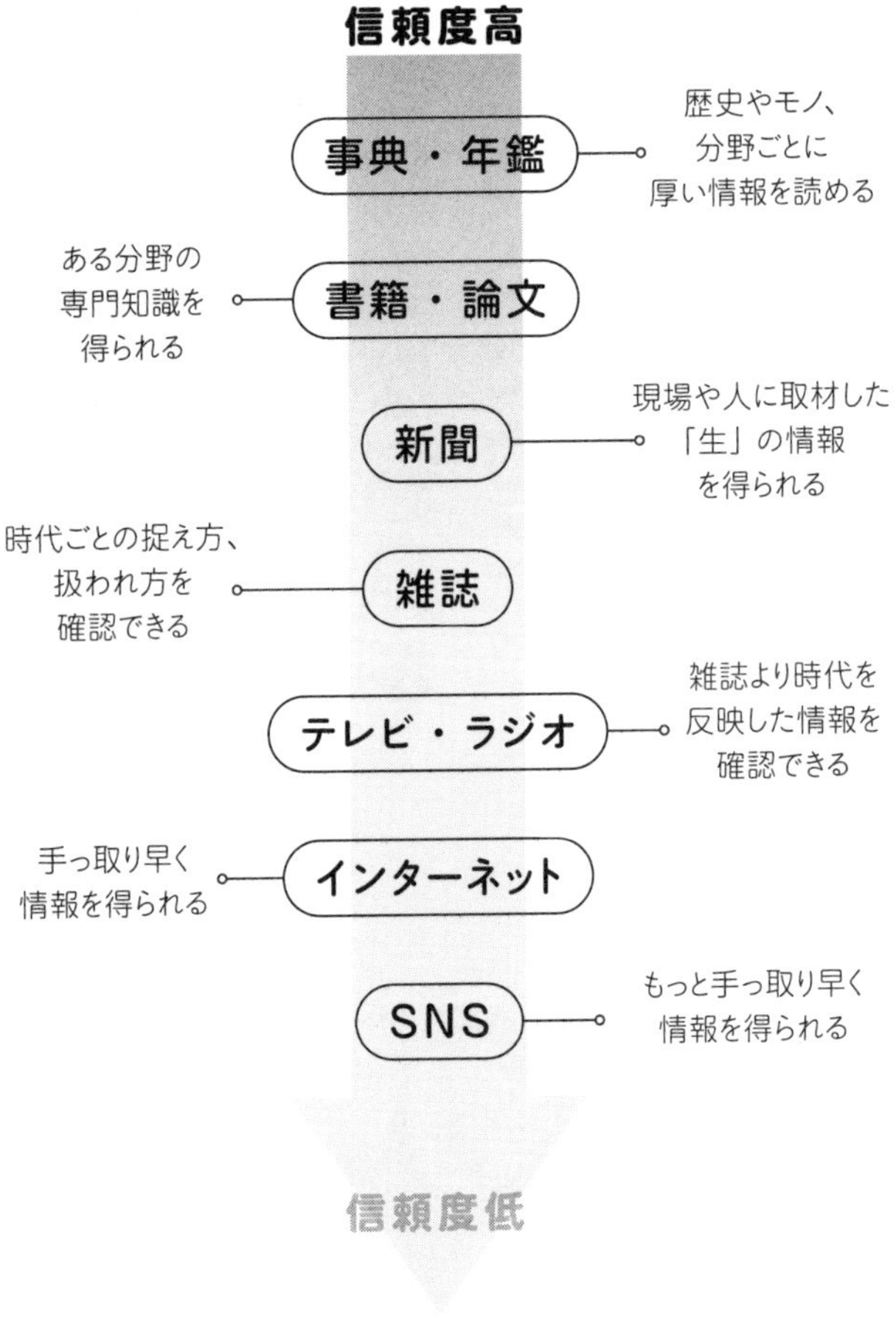
信頼度高
事典・年鑑
歴史やモノ、
分野ごとに
厚い情報を読める
書籍・論文
ある分野の
専門知識を
得られる
新聞
現場や人に取材した
「生」の情報
を得られる
雑誌
時代ごとの捉え方、
扱われ方を
確認できる
テレビ・ラジオ
雑誌より時代を
反映した情報を
確認できる
インターネット
手っ取り早く
情報を得られる
SNS
もっと手っ取り早く
情報を得られる
信頼度低

情報伝達のスピードが早いメディアほど信頼度が低い!
SNSで見つけた情報は、書籍や論文でチェックしましょう。

時間を掛けて編集されたものは、取材や事実確認を入念にやっているからこそ、信頼できるメディアと言えます。個人ブログは、その人の主観で情報が編集されているため、考えに偏りがあるのも事実。バランスが良い資料なら、新聞がベストでしょう。

本当に資料の根拠を確認した？
したの？ してないの？ あー不安になるぅ〜！
キーッ!!

不安で仕方ないときは……

客観的な意見を集めるためにメンバー全員で読み合わせしたら？

作成したデータをメールやチャットに添付しても、
本当に読んでくれているかどうか不安ですよね？
だったら、みんなで一緒に声を出して読んでみましょう。

ポイント 1 誤字脱字の発見

一人で黙々と作業をしていると、自然と流して読んでしまう箇所が出てきます。
でも、複数の目で同時に読むと、あら不思議！
こんな書き間違えがあったなんてという発見につながることも。

ポイント 2 資料の読み解き方の確認

資料に書かれている内容を正確に理解できている自信はありますか？
自分が作成したデータに情報を落とし込む時に都合よく解釈していませんか？
それをみんなで精査できます。

ポイント 3 そもそも活用している資料は正しいかを確認

根拠とする資料をしっかりと読み解き引用した。
しかし、そもそも、自分が作成したデータの結論として
その資料を活用するのは正しいのか？
土台となる部分は客観的な目を取り入れることで発見できます。

ページが増えれば増えるほど、一人で確認するのは大変です。私たち、編集をする仕事でも、制作メンバーを集めて「読み合わせ」をすることは少なくありません。時間は掛かるし面倒ですが、資料を正しく使うためには必須の作業といえるでしょう！

あとがき鼎談《ていだん》

――伝わる文章って、たった一人に向けて書くことが大事！――

高田強が、サオリ＆マキと語り合う「文章コツ100」の総決算！結局、伝わる文章って、なんですか?!

タカタが参考にしてきた文章の本

マキ　高田さんが参考にした文章の本って、どんなものがあるんですか？

高田　ぼくは、出版業界にいた人間だから、どっちかと言うと、ライターや小説家向けの本を読んできました。その中で、ビジネスでも活用できそうな本をざっと紹介しましょうか？

サオリ　ぜひ、お願いします！

高田　まずは……あの評論家の宮崎哲弥さんも「座右の書」として挙げている、本多勝一さんの『日本語の作文技術』（朝日新聞出版）という本です。

マキ　今も新装版で購入できる本ですね。ずっと気になってたんですよ。どんな内容なんですか？

日本語の作文技術　朝日新聞出版

当時、朝日新聞の記者であった著者が「修飾の順序」「句読点の打ち方」「書き出しの書き方」などを指南。文章が苦手だったという著者だからこそ書ける、伝わる文章に必要な技術を明快に説く。

高田　文章の書き方自体が硬質で読み解く力は必要ですが、じっくり読み込めば、「伝わる文章に必要なこと」を学べますね。「修飾の順序」を読むだけでも、文章は変わりますよ。オススメです。

サオリ　辞書にも興味があるんですけど、オススメは？

高田　辞書かぁー。若手のライターに薦めているのが、『記者ハンドブック』（共同通信社）です。

記者ハンドブック 第14版 新聞用字用語集　共同通信社

漢字とひらがなの表記、送り仮名の付け方、外来語の正しい使い方など、正しい日本語の書き方・表記がわかる一冊。「経験を生かす」と「経験を活かす」。どっちが正しいかわからない人は、すぐに購入を！

高田　複数の人が関わって制作する社内報やブログ、SNSなどの場合、書く人にとって文字の表記が違うと少し違和感がありますよね？なにか意図があるのかな？　とか。あと、表記について質問されたら「この、記者ハンドブックによると～」と、すぐに理屈と一緒に返答できるので重宝してます。

サオリ　語彙力を増やすには？

高田　言葉の引き出しを増やすなら、作家の開高健という人が書いた『ずばり東京』（光文社）を読んでほしいですね。

ずばり東京　光文社

1963年から約1年半にわたり、雑誌「週刊朝日」で連載された「東京」をテーマにしたルポルタージュ。聞き書きやシナリオ形式など、さまざまな文章の形式を学べる。言葉の引き出しも豊富で1ページずつメモをしたくなるはず。

高田　運転手さんから聞いた話や、舞台女優の日記形式、屋台での会話調など、色々な文章のスタイルの中に、おっと思わされるような文章表現がたくさん詰まっています。一冊、読み通すのは大変かもしれませんが、教科書と思えば、こんなに面白い教科書はありませんね。

結局、伝わる文章って何なの？

サオリ　参考になる本はたくさんあるんですね……でも、そんなに勉強できませんよ！

高田　大切なことは、たとえ不特定多数が読む文章であっても、一人をちゃんとイメージすることです！

マキ　社内のブログでも、「こういう人が読んでくれているはず！」ってイメージする？

高田　そういうこと。具体的にイメージができると、「こんな書き方をして、伝わるかな？」っていう気配りができるし、「ちゃんと伝わるように調べよう」っていう思いやりも生まれます。

サオリ　じゃあ、私が担当している会社のSNSはだれをイメージすれば？

高田　SNSねぇー。SNSを運用する目的が集客なら、サオリさんが大切にしたいと思うお客さんをイメージしたらいいんじゃない？　お客さんと接点がないなら、営業さんに話を聞くとかね。そうやって、「どこかの誰か」ではなく「この人！」って思い描いて書いた方が、ふんわりした伝わらない文章じゃなく、的確に伝わる文章になりますよ。

マキ　自分で書くのはいいけど、文章を教えることに不安があったのですが……。「たった一人に向かって書く！」ということがわかったので、今後は迷わずに文章を指導できます。

高田　ついでに言うと、細かいところまでしっかりと確認すること。例えば、ちょっとした誤字脱字であっても、読む人は違和感を持って、「この文章は信用できない」って、なっちゃうから。

サオリ　なるほど！　じゃあ、小さな間違いに気付くことが大切ですね。

高田　そうなんですよ。この本も、大きなところで「あれ？」と思う部分があるんだけど、気付いた？

マキ　ん？　どこですか？

高田　タイトルは「文章コツ１００」なのに、コツの数は１０１個だったでしょ？

マキ　ホントだー！

高田　そういう細かい部分に「あれ？」と気付くかどうか。その視点が大事ですよ。

マキ　心配りというか、思いやりを持って書いたりチェックしたりしないと、ですね。

高田　そうそう。究極を言えば、無骨で下手くそな文章でも、「ちゃんと考えた文章」なら伝わりますからね。思いやりのある文章が、伝わる文章だっていう……そんな、まとめ方でどうでしょうか？

サオリ・マキ　はい！　いいと思います！

高田 強

1968年生まれ。兵庫県出身。1987年、伝説の情報誌『ぷがじゃ』（プレイガイドジャーナル社）に編集者として入社。その後、アルバイト情報誌『from A』（リクルート）や『KANSAI1週間』（講談社）で編集に従事。現在は、フリーの編集者・ライターとして、Webや雑誌での執筆をはじめ、テレビでのコメンテーターを務めるなど、幅広く活動をしている。

※P.189　第8章 80 の答えは「アイズワン」です

文章コツ100

発行日　2024年5月1日　初版第一刷発行

著者　高田 強
発行人　須永 礼
発行所　株式会社メディアパル
〒162-8710
東京都新宿区東五軒町6-24
TEL　03-5261-1171
FAX　03-3235-4645
企画編集　橋本未来事務所
構成協力　深見滿州、五庵保典
ブックデザイン　井上友里
イラスト　HONGAMA

印刷・製本　堀内印刷所
ISBN978-4-8021-1081-5　C0030